A Pictorial Biography
of Ba Jin

陈思和 著

巴金图传

中国出版集团有限公司
China Publishing Group Co., Ltd.
现代出版社

序

巴金的意义

听在巴金身边工作的陆正伟先生说，1999年春节前老人因病不得不做气管切开手术，他先是坚决不愿意，经解释后被迫同意了。他沉重地说：“从今天起，我为你们（指他周围的人们）活着。”又听徐钤先生告诉我，巴金两次在病中说：“我已经不能再写作，对社会没有用处了，还是停止用药吧。”这说明巴金先生始终是清醒的，但在当时的外部环境与自身身体状况下，他显然不可能再根据自己的想法来做一些事情而作用于社会，也无法为他周围发生的（哪怕是与他有关的）事情负责。我们要理解和评价巴金在现代中国文化史上的意义，不能以今天他所处的地位和所获的殊荣为出发点，而是应该把握他一生的自觉追求及其实践过程中所呈现出来的复杂历史内涵，从中获取我们所需要的启示。

一、信仰

从我第一次见到巴金先生说起。那是在1980年的秋天，他应该是76岁，身体看上去还没有显出过分的老态，只是一头银发，从楼上走下来时脚步有些滞重。他还有些感冒，稍坐了一会儿，就有医生上门来给他打针。但他兴致很好，打完针又聊了一个小时左右。那天是我和同学李辉一起去武康路的巴金府上，那是我第一次走进带花园的洋房，也是我第一次这么近地面对一位著名作家。当时我和李辉在《文学评论》上发表了一篇与一位巴金研究者商榷的文章。那位研究者的观点是认为巴金早年思想不是无政府主义思想，他显然是要为巴金在“文革”中遭受的迫害辩诬，但他也显然没有认真读过巴金早期的著作。我们当时为了研究巴金早期思想，不但阅读了他的早期译著，还读了中外无政府主义运动中的有关理论著作，像克鲁泡特金、蒲鲁东、师复的主要著作多少都读了一些，所以对无政府主义的理解与当时一般的共运史教科书里的解释不太一样。我们认为巴金早年思想主要是来自无政府主义思想，当然还受到了其他的一些外来思想的影响，但它们之间也是有联系的，如社会主义、人道主义、民粹思想等。同时，我们也强调了无政府主义在五四时期只是作为国际社会主义思潮的一个派别传入中国，它有两大思想核心：一是反对任何形式的强权，二是强调绝对的个性自由。这两大思想核心与当时的中国反帝反封建的主流文化相一致，无政府主义思潮在当时吸引的主要是一批向往革命的青年知识分子。我们这些观点在今天看来很平常，而且其中也夹杂了许多当时的教条。但它可能是“文革”后第一次对无政府主义比较客观的评价，所以，听说巴金先生读了这篇文章后，表示同意我们的观点。我记得那天谈话时也谈到了无政府主义的问题，当我表示对时下把无政府主义当作“文革”时期“打砸抢”来理解的不满时，巴金先生有点激愤地说：“这别去管它，他们要批判一个对象时总是要把无政府主义拖去‘陪绑’的。这个问题以后再说吧，现在说不清楚。”我当时很注意巴金对这个问题的态度，所以连他说那段话时挥着手的动作，还记得很清楚。后来我多次与巴金先生谈到无政府主义时，他始终是这个态度：有些问题还是让历史去作结论吧，现在说不清楚。

巴金先生的态度给我带来过一丝疑问：他现在到底还信仰不信仰无政府主义？这也是巴金研究领域里一个常常被提起和讨论的问题。我曾有缘拜访过几位与巴金同时代的老人，他们几乎都不忌讳自己的信仰。如翻译家毕修勺先生，我第一次去拜访他的时候，他坦率地说：“我到死也信仰无政府主义。”出版家吴朗西先生并没有参加过无政府主义的运动，但是他说到文化生活出版社的办社精神时，容光焕发地告诉我：“那时，我们都信安那其主义[①]啊，所以搞得好。”我没有见过四川的教育家卢剑波先生，但听访问过他的朋友说，卢先生也说过，你只要信仰过安那其，就不大可能再忘记它。我总觉得“信仰”这个词对五四运动过来的一代知识分子而言，远比我们今天的人重要，他们献身信仰往往是极其真诚的。那么，巴金对自己过去的信仰持什么态度呢？

---

① 即无政府主义。

我对这个问题是犹疑的。虽然我曾多次与巴金先生谈到无政府主义，但他始终没有说过他现在还是否信仰它。在他的晚年文章里，他曾解释过他的思想其实是无政府主义、人道主义和爱国主义的结合。但有两件事让我印象深刻，一次是我协助巴金先生编辑他的全集，我竭力主张他把1930年写的理论著作《从资本主义到安那其主义》和几篇与郭沫若论战的文章收入全集，因为前者不仅是巴金最重要的理论著作，而且是中国最系统的一本讨论无政府主义的书；而后者主要是批评郭沫若关于“马克思进文庙”的观点。郭沫若在1958年编文集时把他的辩论文章《卖淫妇的饶舌》收入了，还特意加了注，说明当年与他论战的李芾甘就是巴金。而巴金从未再提过这件公案。当我这样建议后，巴金先生略加考虑就同意了，但他表示有些担心别人会因此对他产生某种误解。可惜，最后出版社审稿时还是将这些内容删去了。那天巴金先生特意对我说了这事，他脸上略有笑意，有点揶揄地说：“还是他（指全集的责编）比我们有经验，我们太书生气了。”这使我感到，巴金先生还是有许多顾忌，没有把心中埋藏的话说出来。还有一件事是我自己观察到的，巴金先生晚年写过许多回忆录，唯独闭口不提他最喜欢的《爱情的三部曲》。这部作品是根据他当年投身无政府主义运动的事迹来创作的。他有意回避了对这段历史的回忆，对此我一直觉得奇怪。直到他写《随想录》的最后几篇文章时，他才涉及当年的无政府主义者叶非英等朋友，并说，他终于找到了一个词来赞扬他们，那就是“理想主义者”。我马上意识到巴金是为了寻找一种能够被现代读者接受的语言来介绍他当年的信仰，才保持了那么久的沉默。果然，继《随想录》以后，他连续写了怀念当年的无政府主义朋友吴克刚、卫惠林等人的短文，收在《再思录》里。如果不是后来健康状况恶化阻止了他写作，我想巴金先生会进一步写出他对自己信仰的许多真实看法。

但我还是无法断定巴金晚年是否有自己的信仰。我起先理解是巴金先生的地位比较特殊，他不可能像其他一些朋友那样对自己的信仰保持个人的态度。因为像毕修勺等人在20世纪50年代都遭受过极大的政治迫害，不仅受到社会的歧视，日常生活也很拮据，生活在社会的边缘地带，因此他们一般都能够坚持自己的信仰，这是他们唯一的精神支柱。而巴金先生从20世纪50年代起就有较高的社会地位，境遇也较好，可以战战兢兢地出入庙堂，因而无政府主义不仅不会是他的信仰，而且还会成为他的思想包袱。他在1958年以后编文集时删改自己旧著中关于无政府主义的内容，就是其表现之一。而且，即使在写作《随想录》的时代，他仍然心存犹疑。但我后来想，大约人们所忽略与所隔阂的正在这里。在一种理论学说还没有得到公正的科学评价的时候，如果一个生活在社会底层的人在私下里表达对它的信仰，风险当然要小得多，但你无法想象，环境会允许像巴金这样地位的知识分子公然表达他的异端信仰。就像20世纪30年代的鲁迅，尽管尖锐地批判国民党政权，但他似乎也从未宣布过自己信仰共产主义（如后来研究鲁迅的学者所认定的那样），而且鲁迅不止一次地痛斥那些暗示他拿卢布津贴的人，骂他们为“乏走狗”。鲁迅还拒绝李立三要他公开发表反蒋政权、拥护共产党的声明，他宁可用各种笔名在各种灰色报纸杂志上发表曲折的杂文。这是为什么？当年左翼激进青年不理解鲁迅，连史沫特莱也批评鲁迅不积极参加左联的具体活动，但富有社会经验的冯雪峰当场就驳斥说，鲁迅的地位不是别的作家可比的，他的存在（于左联），就是（左联的）一个伟大的力量。冯雪峰显然比那些青年人和外国人更懂得中国的特殊国情和保护文化名人的重要性。在鲁迅去世后，他曾一度想去主动接近知堂（周作人），争取知堂。这些成功的和不成功的计划，都显示出冯雪峰作为一个政工人员的卓越眼光。

当然，忽略和隔阂还有第二层意思，就是现代人不怎么关心一个过去时代的老人的真实思想和话语内涵。20世纪90年代知识界流行过许多新的偶像和新的话语，这自然是不错的，但因此而完全忽略了今天的社会正是从历史阴影里走过来的，而对以前鼓舞过时代的精神武器完全采取不屑一顾的态度，只能使今天的思想建立在流行的旋风之中。我随便举巴金曾经信仰的学说并非无的放矢。前不久我请一位很著名的理论家来学校讲演当前世界学术的走向时，他激情地论述了在全球化的过程中，第一世界的大国如何剥夺第三世界的资源。他有一句话让我印象很深。他说，现代经济学家统计，当代世界所生产的财富早已足够让全人类过比较健康的生活，问题在于大国对第三世界的剥夺，制造出发展主义的假象，导致消费过剩与能源危机。我这样概括可能是太简单了一点，但其理论的核心思想我却觉得非常熟悉，正是二十年前我读克鲁泡特金的理论著作时获得的启发。为什么今天流行的最新理论学说，竟与一百多年前的无政府主义的空想相吻合呢？我由此产生联想，巴金早期著作里所反映的反对一切形式的强权压迫与维护个性绝对自由的内涵，即使在今天也没有真正过时。还有一件事更坚定了我的这一想法。去年我读到台湾一位另类女作家洪凌的小说，她的小说世界里聚集了形形色色的反叛社会道德的生命现象，而她自觉地给它们冠上了一面旗帜：施蒂纳和蒲鲁东的“安那其”。我不知道洪凌是否纯粹出于游戏举出了这一旗帜，但我的内心由此而感到震撼。我想洪凌的感受也许是寂寞且孤独的，因为在这个世界上，形形色色的理论学说多似牛毛，但只有很过时的无政府主义的理想，才是一个永远与财富、权力和国家机器无关，永远与受到侮辱和受到损害的人们守候在一起，永远与个性主义的孤魂野鬼纠缠在一起的理想。无政府主义是一种思想上的乌托邦，任何乌托邦的最终目的都是不能转化为具体的政治权力斗争的。正因为它无法实现，所以只能通过其精神力量融化到人们具体日常性的伦理行为中，在人生的岗位上，点点滴滴地发挥着作用。巴金的小说由20世纪30年代的鼓吹反抗与革命转换到20世纪40年代同情小人物的尊严，正反映了这一乌托邦的理想主义由实际的政治理想转换成日常的伦理理想的轨迹。如果剥离巴金小说里所谓“反封建”的装饰性外衣，他的小说所隐藏的另一层更为深刻的意义，仍然能感动今天和未来的人们。

二、岗位

我在上一节本来是要讨论巴金先生的信仰，因为这涉及巴金先生是否保持人格的一贯性以及关于“说真话”的问题，结果似乎仍然没能得到肯定性的结论。但这并不离题，因为看一个人有没有自己的信仰主要不是看他的言论，而是看他的行动。无政府主义在长期被镇压的过程中逐渐蜕变为一种日常的伦理行为，即强调自我道德完善。譬如，毕修勺先生自觉把无政府主义精神解释为“只知耕耘，不问收获”的人格原则，并贯穿到他的翻译和研究工作中去；吴朗西先生把只讲奉献、助人为乐都视为无政府主义的原则，贯穿到办文化生活出版社的具体工作中去。早在20世纪30年代，无政府主义作为一种政治运动已经在中国消失，无政府主义者之间发生分化，比较上层的人士都参加了国民党政权，如吴稚晖、李石曾、张静江等，而处于社会下层的青年无政府主义者都分散到边缘地区，积极从事理想主义的教育、出版等工作，在社会上确立了自己安身立命的岗位。

关于这些想法，我过去在巴金传记与其他一些文章里都已经说过，不必再重复。本节要讨论的是，巴金作为一名作家，他的知识分子岗位意识如何被体现出来？在现代知识分子的精神传统里，一直有两种价值取向交替着发挥影响。我把这两种价值取向归纳为广场意识与岗位意识。前者常常作为传统士大夫的庙堂意识的补充，它企图将庙堂权力与知识分子的社会责任相结合，来推动社会的进步和发展。五四以来，陈独秀、瞿秋白、鲁迅等激进的知识分子和20世纪30年代流浪型左翼知识分子基本上走这条道路，巴金早期作为一个自觉的无政府主义者自然也是广场上的一员，启蒙与西化是他们的主要思想武器；而另外一批知识分子，或是作家或是学者，他们自觉地确立了自己的工作岗位，理想的岗位绝不是用强调专业来掩盖对现实的怯懦，而应该既包括职业又超越职业，知识分子的人文精神也往往通过自己岗位上的工作成果来体现。这两种意识可以说是现代中国知识分子精神传统的两翼，作为一名中国作家，他的岗位意识当然不仅仅体现在文体上创造美轮美奂的境界，更重要的是如何在美的创造中寄托知识分子的良知与精神作用。巴金走上写作道路之初，对文学如何结合这两种功能显然认识不足，这也给他带来了深刻的痛苦。他常常抱怨自己无法从事实际的社会运动，他希望到广场上去呼风唤雨，实现自己的理想。这些煽动性的作品虽然在当时产生过很大的影响，但也暴露了他内心的浮躁和偏执。到20世纪30年代中期，他的朋友吴朗西等人创办文化生活出版社，请他回国当总编辑，实际的岗位才使他有了把自己的理想与具体的文化工作结合起来的可能，由此恢复了知识分子的自信。他的自信不仅体现在从事出版工作的热情上，也逐渐体现在文学创作上，《憩园》《寒夜》等作品达到了思想性与艺术性较高的结合度。

鲁迅就是在切实的知识分子的实践中，总结出一条特有的道路。他在写作上弃小说而重杂文，正是为了更好地发挥广场上的战斗作用，同时他又把自己的工作范围严格限定在文化批判领域。这就是他先拒绝李立三，后又拒绝周扬的根本原因。鲁迅晚年自觉团结了一批严肃认真地从事文化事业的青年作家和编辑，其中主要形成了以巴金和胡风为代表的两个知识分子群体。很显然，如果鲁迅不是因病早逝，中国知识分子将会在汇聚了各种风气的上海发挥极为重要的战斗作用。不幸的是鲁迅去世了，随着全面抗战的爆发，巴金与胡风两个群体，一个以文化生活出版社为阵地，一个以《七月》《希望》为旗帜，各自开拓着鲁迅的道路，即在具体的知识分子岗位上发挥知识分子的作用，但并没有可能在鲁迅的传统基础上更前进一步。更不幸的是，这样一种知识分子的生存与工作方式后来也被残酷地中断了，巴金、胡风在后来的历史中各有不同的表现，也有不同的遭遇。直到20世纪80年代，他们以不同的面目重新出现在千疮百孔的中国文坛上。这时候的巴金已经是七十多岁的老人了，他唯一能继承鲁迅而做的工作，就是写作《随想录》。

《随想录》是中国20世纪80年代思想解放运动过程中的一部百科全书式的著述，事实上也只有巴金才能够担当这样的重任。这是巴金学习鲁迅的最后一次重大实践。

三、《随想录》

巴金先生对历史的反思主要贡献于20世纪80年代，也就是他写作《随想录》的年代。我们不能离开那个时代背景来理解《随想录》。我当时就写过评论《随想录》的文章指出：巴金在起先写作中并没有主动提出什么新的思想，他只是以崇高的地位和影响来不断支持比较“异端”的思想观点，这本身就需要足够的勇气和智慧。后来他感受到压力越来越大，就以“说真话”来为自己辩护。这在激进的年轻人的眼睛里可能不是什么英雄壮举，甚至受到轻视。但对于从历史阴影里走出来的老一代知识分子来说，“说真话”几乎是一个维护良知与操守的武器，“不说假话”成了他们衡量自己人格标准的最后底线。在20世纪80年代很多次山雨欲来的风波中，巴金始终坚持知识分子的独立思考。在写作《随想录》的最后一个阶段里，巴金一口气提出建立“‘文革’博物馆”，写了为胡风、叶非英等冤案抗议的文章，使《随想录》的境界提升了一层。我看到过一篇批评《随想录》的文章，提到了巴金对胡风一案的暧昧态度。其实早在1981年，胡风冤案刚被提出的时候，巴金就在《和日本〈朝日新闻〉驻上海特派员田所的谈话》里对此开始反省，直到1986年写《怀念胡风》时才真正地发出正义的声音。这里固然包含了复杂的客观因素对巴金的压力，但同时也足见其忏悔之沉重和表达之困难。像唱歌一样地到处表达忏悔之情是周扬的方式，而对沉默中的知识分子来说，有些太沉重的思考，难道不需要有足够的时间和必要的条件吗？将来如果有人将《随想录》与其写作时代联系在一起加以研究，会发现这是一部迅速反映时代话题、又具有高度策略性的文化百科全书。巴金说话一向坦率浅易，但在《随想录》里却充分表现了高度的言说技巧与策略，或说是鲁迅杂文里所谓“奴隶语言”的再现，暗示、象征、曲折迂回、欲言又止的文风鲜明地烙上了那个时代的印记。可惜，这些言说艺术在网络影响下普遍粗鄙化的21世纪初期的文化氛围里很难被人注意到。因此，误解与隔阂就在所难免了。

巴金先生晚年对文化的主要贡献就是写作《随想录》，从中我们可以看出巴金先生内心深处的信仰与力量。当然我也感到惋惜，巴金先生的高龄和重病，以及客观环境的限制，已经无法使他在20世纪80年代的思想基础上有更进一层的突破。事实上，这也不仅仅是巴金先生个人的悲哀。总的来说，20世纪90年代思想界自有另一批新的偶像与战士来领风骚，这是时代风气的变迁所致。我们不可能要求一个九十多岁、重病在身的老人永远与青年人一样冲锋陷阵，何况，在20世纪90年代，以“思想界领袖”或“青年斗士”自居的人是否真的在冲锋陷阵，退一步说，是否都能像巴金先生那样真诚地对待历史和自己，也是值得怀疑的。《随想录》当然会有局限，正如任何前人创造的精神成果在急剧变化的现实中国环境里都会有其局限一样。问题是我们应该如何对待前辈的创造。我总以为，中国现代知识分子的精神传统，是靠一代代知识分子有意识地培养和积累得以发展的。即使从20世纪初的严复、章炳麟算起，也不过是百年光景、四五代人。所谓百年积德，真正的“德”在我们这个时代里是相对薄弱的。我们现在无法创造什么，唯一能做的，就是把前辈们的精神遗产继承过来，加以清理，他们做到了的，我们有责任发扬光大，继往开来；他们没有做到的，我们有责任勉力去做，点点滴滴，都是从前辈知识分子的努力、苦难和教训的历史阴影里走过来的。由于忽略与隔阂，就用狂妄的审父甚至弑父的态度来对待前辈的精神遗产，虽能称快一时，或不失为一种后生可畏的进步，但也自斩其根，自断其流，这样的“进步”终将会成为昙花一现。近两年有学者提倡“鲁迅精神谱系”，我不很赞同这样的片面说法，但我是理解倡导者心态的。研究中国现代文学的学者很难离开以鲁迅为代表的知识分子战斗传统来思考问题，但是我又想，鲁迅的精神传统不应该成为几座孤立的独秀峰，而应是一条源远流长的精神河流。它既泾渭分明，又具有极大的包容性，即使流淌到今天，也不能成为少数精英的专利。它还应该能够化解怨毒暴戾之气，湮没无聊琐碎之音，使每一个真诚的知识分子都有可能融化为其中的一点一滴，贡献自己的所有。也只有在这样的立场上，我们来讨论巴金的意义才是有益的。

陈思和

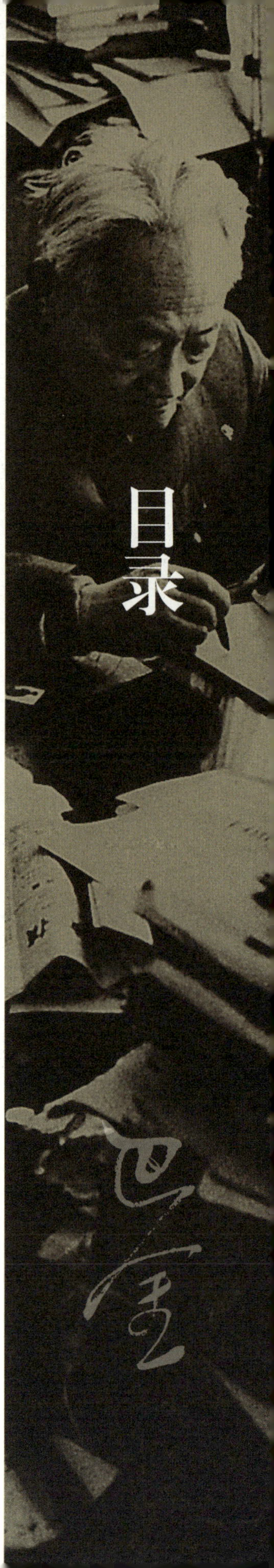

目录

86

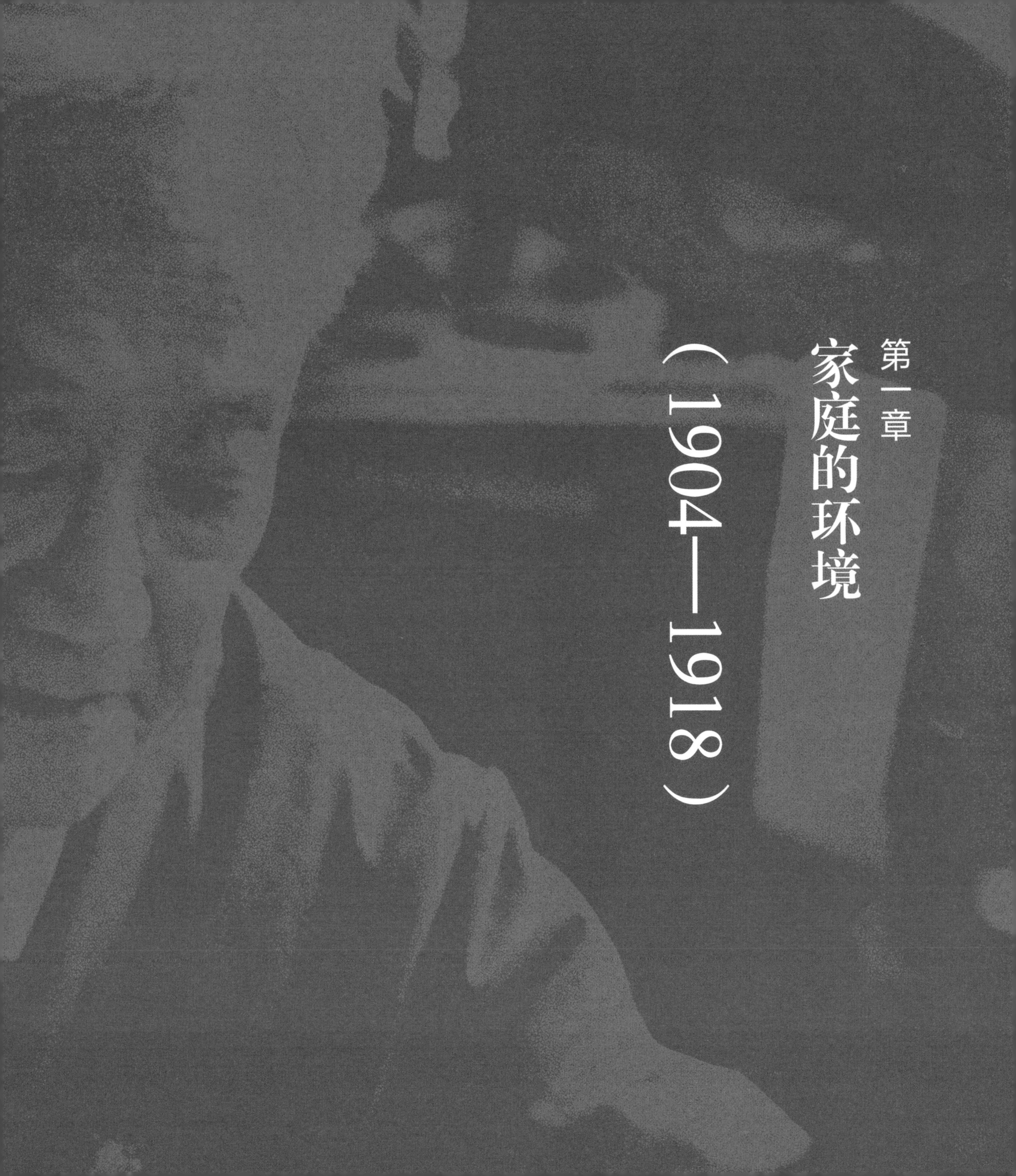

第一章 家庭的环境（1904—1918）

一

李家老屋

李家公馆的大门

巍峨中显出人的渺小，不知里面发生的故事是欢乐还是悲痛

在成都，巴金故居的原本面貌已不可寻。自李家以后，公馆几易主人，格局屡有变动。20世纪50年代末，在旧址上又重建了一个部队文工团的宿舍。但是，真正的“巴金故居”是属于文学的，在文学的世界中，谁也毁不掉它。

这个用文字描绘出来的李家大宅是这样的：

大门外：“这所公馆和别的公馆一样，门口也有一对石狮子，屋檐下也挂着一对大的红纸灯笼，只是门前台阶下多一对长方形大石缸，门墙上挂着一副大对联，红漆底上现出八个隶书黑字：‘国恩家庆，人寿年丰’。两扇大门开在里面，门上各站了一位手执大刀的顶天立地的彩色门神。”

大门内：“白色的照壁迎着我。照壁上四个图案形的土红色篆字‘长宜子孙’嵌在蓝色的图框里。……二门内前面是一个正方形的铺石板的天井，在天井的那一面便是大厅。一排金色的门遮掩了内院的一切。”

院内：“从大门进去，走出门洞，下了天井，进二门，再过天井，上大厅，弯进拐门；又过内天井，上堂屋，进上房……”

大厅：“堂屋里除了一盏刚刚换上的一百只烛光灯泡的电灯外，还有一盏悬在中梁上的烧清油的长明灯、一盏煤油大挂灯和四个绘上人物的玻璃宫灯。”

巴金故居（油画 贺德华 绘）

此外，还有“到处张灯结彩，装饰得富丽堂皇”的戏台，曲径通幽的花园……至于巴金小时候的住处，据他后来回忆：“我还记得为了大哥结婚，我父亲把我们叫作‘签押房’的左边厢房改装成三个房间，其中连接的两间门开在通入里院的过道上，给大哥住；还有一间离拐门很近，房门开向内天井，给三哥和我两个人住。到了我离家的前两三年大哥有了儿女，房子不够住，我们家又把中门内台阶上左右两块空地改装成两间有上下方格子玻璃窗的小屋，让我和三哥搬到左边那间去……”在这样的环境中，巴金度过了17年的童年和少年生活，甚至1923年离开以后，老家的影子仍然没有离开他。它在巴金的心里深深扎下根，一次又一次地触动他的艺术神经，唤起他的文学想象，并通过他的一支笔，在艺术世界里得以复活。

李家买下这座大宅的时间已不可知，但它的真正发迹者是巴金的祖父李镛。李氏家族由浙江嘉兴迁入四川是在高祖李介庵的时代，到了李镛时代，这个家族已有殷实的积累。李镛先有两房妻室，生了六个儿子和三个女儿，后来他又娶了两个姨太太。巴金的父亲李道河是李镛的长子。在巴金之上有两个哥哥，大哥李尧枚，三哥李尧林（在家族中大排行第三，巴金排行第四）。巴金还有两个姐姐，后来又有两个妹妹。1904年，李道河以“过班知县”的身份上京，等候“引见”，但他在京并不顺利，直到第二年中秋才得以引见回成都。就在他闲居京城的这一年，阴历十月十九（公历11月25日），巴金出生了。巴金的本名是李尧棠，字芾甘。这个名字取自《诗经》中的《召南·甘棠》。它是颂扬周公德政的一首诗，以“蔽芾甘棠”一句开头，“甘棠”是棠梨树，“蔽芾”描绘棠梨树枝叶繁茂的状况。“巴金”则是他在1929年发表作品时所用的笔名。

二

在广元

李道河赴任广元县令是在1909年，当时巴金5岁。对于父亲的印象，除了衙门里坐堂，巴金似乎没有太多的回忆。母亲陈淑芬却是他幼年时代的第一位老师，不仅启蒙了他的智力，更重要的是教会了他做人的道理。在温暖的灯光下，母亲在小本子上一字一句地抄下《白香词谱》中的诗词，教他认字。“多少恨，昨夜梦魂中……”这是巴金第一次接触文学。也许母亲对这个儿子特别疼爱一些，临产前一天，母亲梦见了生子娘娘，蒙眬中她听到：“这个娃娃本来是给你弟媳妇的，因为怕她不会好好待他，所以送给你。”第二天，巴金就出生了。巴金也深深地爱着他的母亲，自称是从母亲那里继承了她性格中最宝贵的部分——仁爱。沉浸在母爱中的孩子，觉得一切都是那么美好。他得到了那么多的爱，也想把爱分给别人，让别人与他一起幸福。

巴金的父亲李道河和母亲陈淑芬

他喜欢家中的那群鸡。在孩子的眼里，人和畜是没有什么区别的，他把一切生命视为平等的存在。因此，当心爱的大花鸡被杀的时候，他伤心不已。他第一次感知了人与鸡是有区别的，鸡的生命完全操纵在人的手里，他为鸡的生命的无助战栗了。而女佣杨嫂悲惨而痛苦的死，又让巴金感受到人与人之间的不平等以及人世的辛酸。

父亲坐堂，那种威严的气氛也曾引起小巴金的兴趣。犯人跪在下面一句句地回答父亲的问话，不知为什么父亲勃然变色：“你胡说，给我打！”父亲差人把犯人按倒，拉下其裤子就打，直到犯人招供为止，而且爬起来还要给大老爷叩头。事情过了很多年，巴金还困惑不解的是，明明是挨了一顿毒打，为什么还要谢恩？这一幼年的记忆一直萦绕在他的头脑中。他在著作中一而再、再而三地写下这一回忆，直到他垂暮之年。如果说剪辫子的风波是鲁迅一生缠绕至死的梦象，那么挨了板子后的“谢恩”就是缠绕了巴金一生的梦象——这是对封建时代部分中国人奴性的绝妙写照。

图为巴金常常看父亲审案的广元县衙的三堂（左图）和大堂（右图）旧址

1907年，在外婆（左三）怀抱中的巴金。此为目前所见巴金最早的留影

三 大家族

辛亥革命那一年，李道河辞官回到成都。中国在缺乏思想和经济准备的情况下冒冒失失地闯进了民国时代，“枪炮声，火光，流血，杀人，以及种种残酷的景象”接连不断，李家似乎也不太平。从1913年到1917年，五年当中，李家长房连续死了四口人：李道河夫妇和两个女儿；二房死了两个男儿：巴金的二哥和五弟。巴金的母亲死于1914年。据巴金回忆，她病倒不过二十多天，“她在病中是十分痛苦的，一直到最后一天，她还很清醒，但是人已经不能动

成都商会部分成员合影，前排左一为巴金的父亲李道河

了”。从此巴金成了没有母亲的孩子。1917年，父亲也去世了，巴金开始感受到大家庭的压力。

父亲一死，李家在祖父的主持下分了一次家。作为这一家之主的大哥李尧枚，当时20岁，上有继母，下有弟弟妹妹。不久他又生了儿子，完成了祖父“四世同堂”的愿望。但他是一个懦弱、早熟的青年，也是被家庭宠爱着的少爷。19岁那一年，父亲为他娶了一位姓张的姑娘。据说他曾有一位意中人，是一个表妹，母亲在时曾向表妹的母亲提过亲，但被拒绝了，而这个媳妇是父亲用抓阄儿的办法定下来的。家庭开支入不敷出，父亲中断了大哥的学业。大哥本来有外出读书的想法，如今却过早地担起了力不胜任的家庭重担，再加上性格的懦弱，使得他在大家族中备受压抑，精神也非常紧张。祖父去世后，李家各房为分家争吵，大哥内心紧张，甚至一度发狂。这些都作为巴金后来反抗大家庭黑暗专制的记忆素材，进入他激烈的文字中。

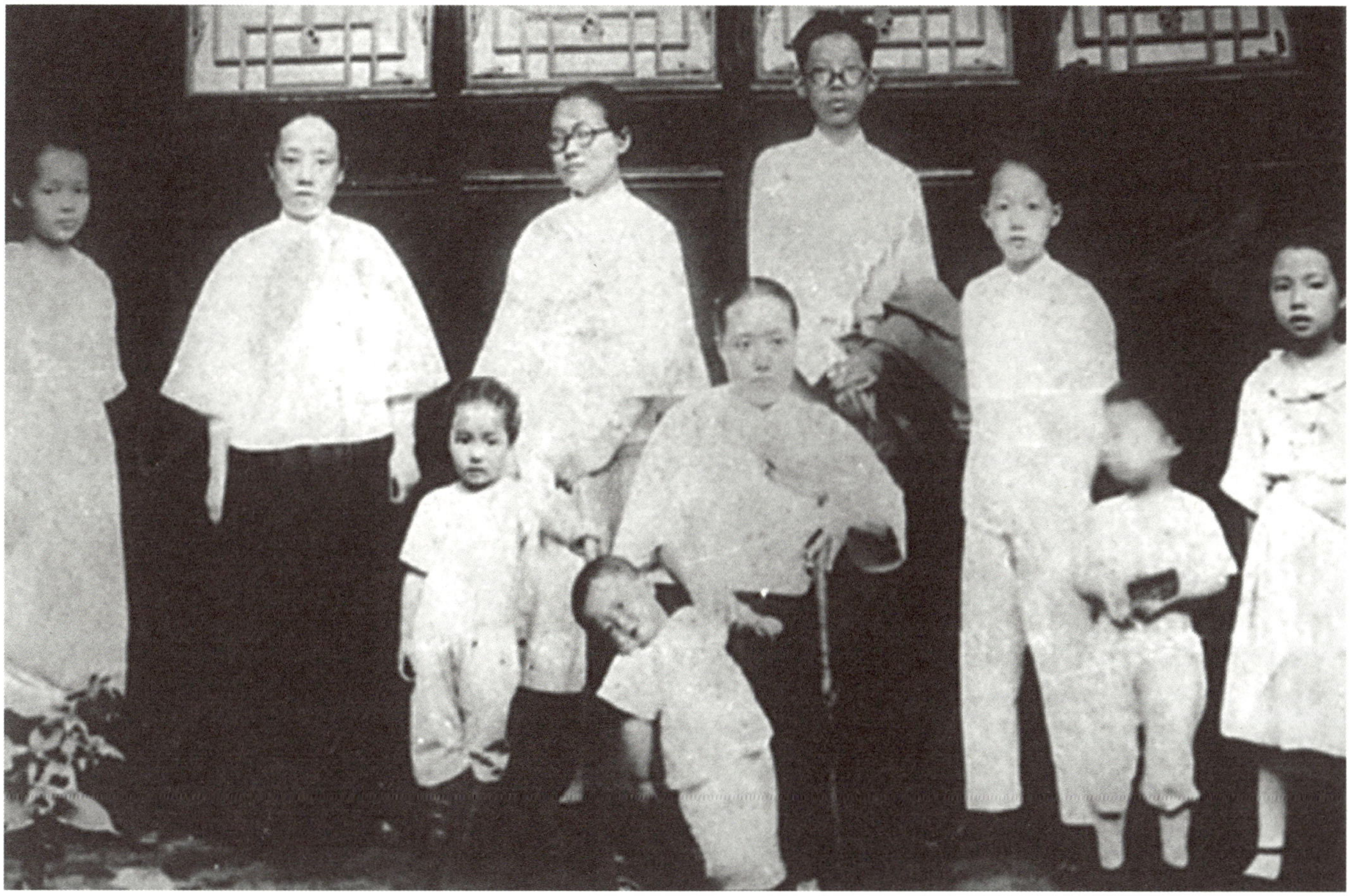

家族合影

巴金1924年摄于南京

这个家庭留给巴金最不好的印象，应当是作为地主家庭常有的腐化和放荡风气。这种风气直接加速了大家庭的衰亡。只有当巴金站在这一立场谴责他的家族的时候，他才显得理直气壮、感情饱满。巴金的五叔便是一个堕落的典型，他在外面吃喝嫖赌无一不沾。他常以父亲的名义借钱，包土娼，并把妻子的陪嫁全都挥霍光，后来沦为小偷，死在牢中……这就是一个天资很高的地主少爷的悲惨结局。

不过有一点需要强调，巴金的家与他文学作品中的家是不能完全等同的。他的家庭并不像《激流》三部曲中所渲染的那样黑暗专制得可怕，祖父对巴金也有过关心和疼爱，几个叔叔对巴金这一房也没有太多的过分行为。这个家庭的矛盾和冲突没有超出正常家庭矛盾的范围。巴金对家庭的微词和抨击，只能说是一种文学上的修辞手法。小说中的家庭，只是当时专制社会的象征——理解了这个，就不难理解作品与现实的差别了。

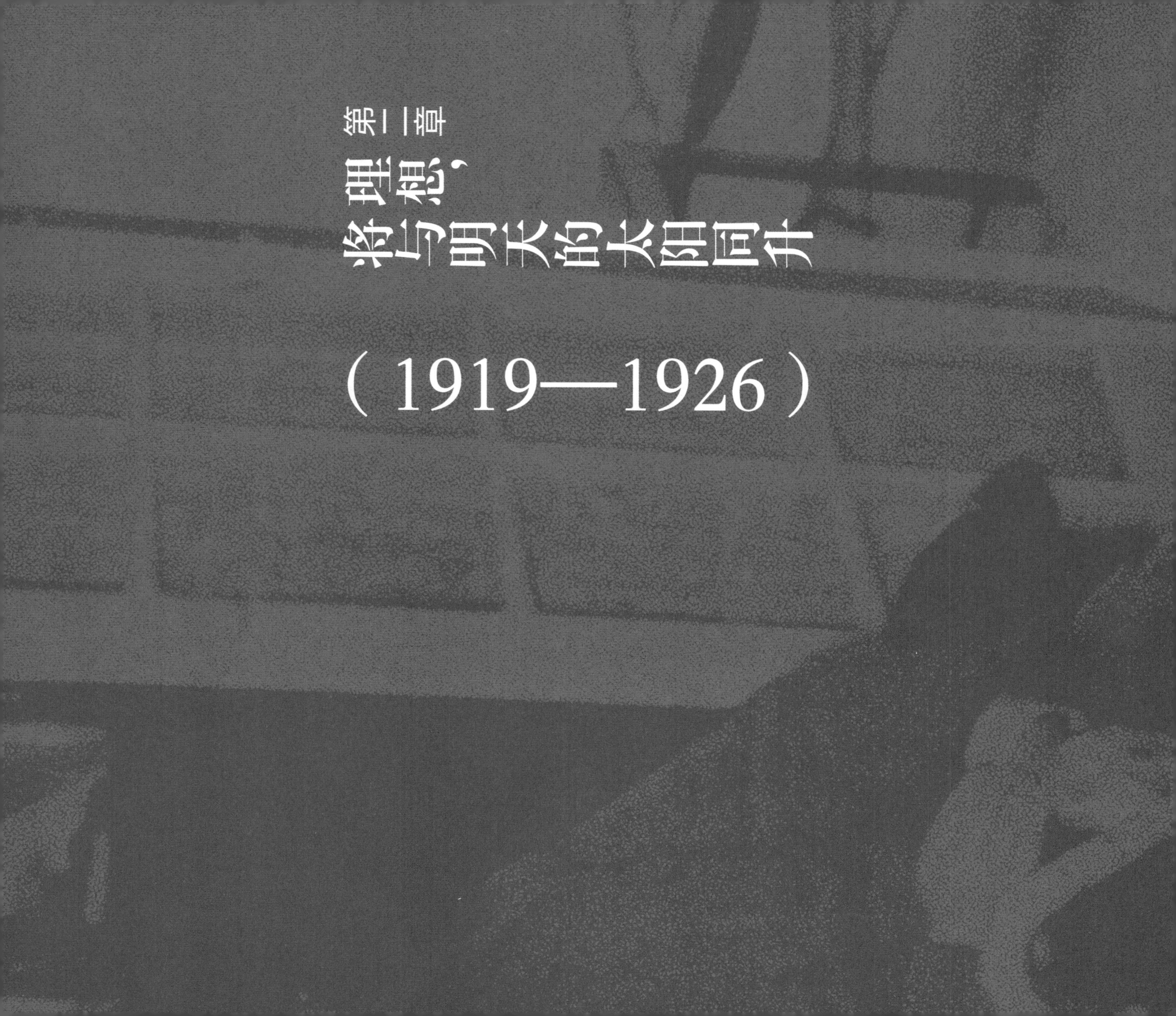

第二章

理想，将与明天的太阳同升

（1919—1926）

一

理想的升起

巴金的人生道路真正发生变化，是由于五四新文化运动。它打开了巴金这一代年轻人的眼界，完全改变了他们原本的生活道路。直到垂暮之年，巴金还念念不忘他是“五四运动的产儿”。1919年5月，北京爆发爱国学生运动，四川学界随即响应，成都三十余所大中学校数千人集会，向各县民众发出声讨国贼的通电。渐渐地，本地报纸上也有转载北京《新青年》上的文章，“德谟克拉西”“赛因斯”“杜威”“克鲁泡特金”“托尔斯泰”这样一些拗口

油画《五四运动》（周令钊 绘）

的名词开始在四川的年轻人中流传。大哥尧枚的办公地附近有一家华阳书报经营处，是城中唯一出售新思潮刊物的书铺。一天，尧枚从那里买来一本《新青年》和两三份《每周评论》。兄弟们争着阅读，里面的每个字都像火星一般点燃年轻人的热情。这三兄弟成了李家最初的“普罗米修斯”。他们又说服了表哥、堂姊，一起阅读。《新青年》《新潮》《每周评论》《少年中国》等刊物陆续到了他们手里。此时，成都也相应出版了《星期日》《学生潮》等刊物。后来大哥干脆在书铺里预先存了一两百元，每天都要拿回一些新的书刊。

于是，这群原来聚在花园里读《红楼梦》、猜酒令、演新剧的少爷小姐们开始研究起新文化来了。他们还组织了一个研究会，但很快就因六姐母亲的禁止而中止。1920年8月，巴金和三哥一同进成都外国语专门学校就读以后，可以公开参加社会活动、阅读各种刊物了。这使他接受了更为激进的无政府主义思想。

1920年是无政府主义思潮在四川比较活跃的一年。这一年，达县人陈小我组织了四川第一个无政府主义团体——适社。它的宗旨是“冲破恶劣的旧环境，改造美善的新环境，来适应人类全体生存的要求”，偏重个人的身体力行和道德修养。他们翻印了不少小册子，其中就有克鲁泡特金的《告少年》。克氏是俄国著

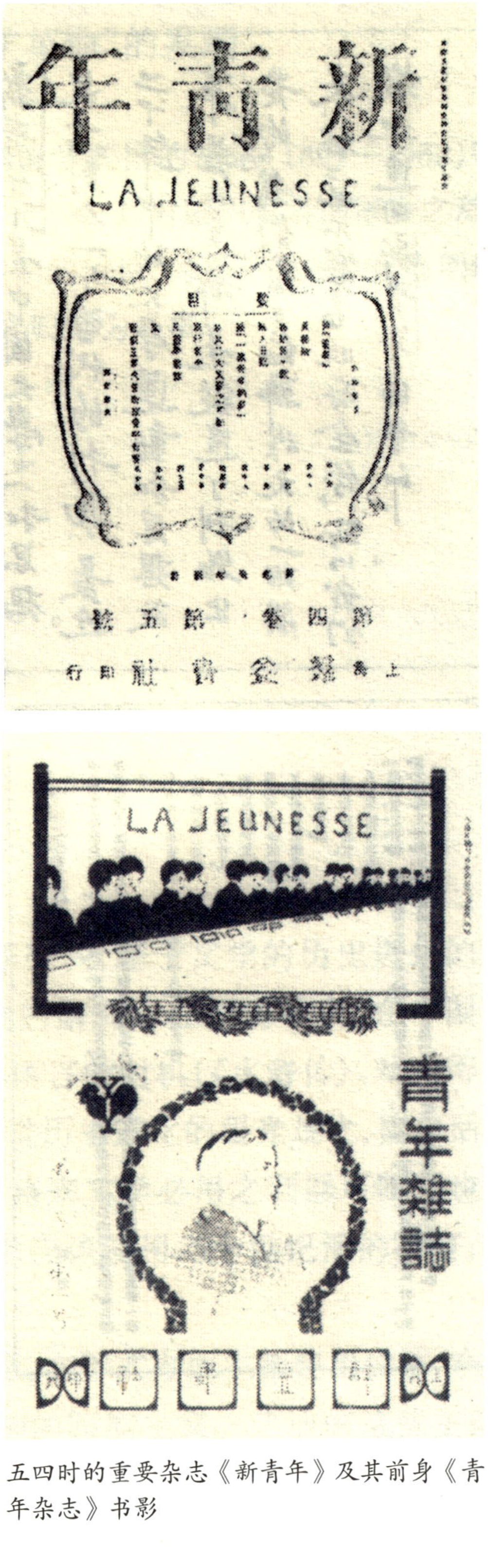

五四时的重要杂志《新青年》及其前身《青年杂志》书影

名的无政府主义理论家，他用生物学的知识来解释无政府共产主义的理想方案。这套思想几乎被巴金全盘接受，成为他以后从事无政府主义研究的理论基础。但是1920年巴金阅读的这本小册子却没有什么理论色彩，它是一份宣传性的讲演材料。克鲁泡特金以15岁到20岁刚刚走上社会谋生的青年为对象，根据他们的不同职业，向他们分析了世界上贫富不均的罪恶现象，煽动青年人起来推翻这个不合理的社会制度，参与到社会主义的行列中去。克鲁泡特金的语言相当浅易、生动，富有煽动性。巴金说，那带有煽动性的笔调简直要把一个15岁孩子的心烧成灰了。“我把这册子放在床头，每夜都拿出来，读了流泪，流了泪又笑。……从这时起，我才明白什么是正义。”

这本书是朋友送他的。读了以后，巴金不满足于一般地阅读新书刊了。他渴望行动，渴望有人能在他的人生道路上指出一个方向。不久，他又从上海的报纸上看到赠送波兰作家廖亢夫的《夜未央》的广告，便寄了邮票去。剧本寄来了，“它给我打开了一个新的眼界。第一次在这另一国度的一代青年为人民争自由谋幸福的斗争里找到了我的梦幻中的英雄，找到了我终身的事业”。这时候，他真诚地相信：只要奋斗，万人享乐的新社会就会与明天的太阳一同到来，一切的罪恶就都会立刻消失。

二

信仰与活动

1927年，巴金摄于法国

1921年2月下旬，巴金与成都一家无政府主义刊物《半月》开始发生联系。缘起是他看到刊物上有一篇《适社的意趣和大纲》，文章中公布了秘密组织的一些原则。看了不少革命家传记的巴金深受吸引。他写信给《半月》的编辑，要他介绍自己加入这个团体。信发出后的第二天，《半月》的编辑就上门找巴金，并约定了初次谈话的时间。这是秘密社团联络常用的方法，无疑给巴金年轻的心又加了一剂兴奋剂。

《半月》杂志是一个公开的刊物，真正的核心是几个信仰无政府主义并且努力去实践这种理想的青年。其中吴先忧原是成都外专的学生，因信奉无政府主义关于“人的道德为劳动与互助，惟劳动乃能生活，惟互助乃能进化”的口号，中途辍学，去裁缝店当学徒。每天晚上来报社工作时，他手指上都是密密麻麻的针眼。这种生活态度让少爷出身的巴金十分佩服。吴先忧还是《半月》的四个创办人之一，担负了大部分的经费。为了筹款刊印别的小册子，他经常跑当铺，弄得大热天穿棉衣，冬天穿夹袄。这种只讲奉献的自我牺牲精神使巴金深为感动。渐渐地，巴金与几个比他年长的人建立了友谊，做了《半月》的积极分子，写文章，参加社务，而且还在成都组织了一个类似适社那样的组织——均社。

1956年12月巴金（左一）回成都，重访正通顺街上的旧居

从早年在成都的这些活动看，巴金的确是中国无政府主义运动的早期成员。根据现有的材料，他的活动大致有这么几项。一是写作。从1921年4月起，巴金用“芾甘”的名字在《半月》《警群》等刊物上发表了《怎样建设真正自由平等的社会》《爱国主义与中国人到自由的路》等六篇文章。这些文章的见解虽然都来自各种资料，但它们内容涉及很广，有正面阐述无政府主义理论的，有介绍国外无政府主义和工人运动情况的，也有外国文学家研究和世界语介绍。二是办刊物。无政府主义运动在中国，最普遍的形式就是办刊物，宣传主义。巴金和他的朋友曾办过《警群》和《平民之声》等刊物，但出版的时间都不长。三是五一国际劳动节散发传单。这本来是小事，但它又是巴金参与无政府主义运动的实际行动之一。巴金对中

国无政府主义运动的贡献，始终局限在办刊物和写文章的理论范围，无论在成都、上海，还是在巴黎。

还有一件事情颇为值得注意，就是这一时期，巴金的兴趣还扩展到文学创作。他在上海《时事新报》的副刊《文学旬刊》上发表了《被虐者的哭声》《路上所见》《梦》等数首诗，还有散文《可爱的人》。《文学旬刊》是文学研究会的刊物。巴金文学创作的第一步就迈向了它，应该是有其相通的文学观做基础的。他在给《文学旬刊》编者的一封信中，首先配合了文学研究会对鸳鸯蝴蝶派的批判，“希望现在一面做建设的工作，一面做破坏的工作，双方齐进”，以期望将来中国文学可“立足于世界文学之间，并能大放光明”。其立意之高，视野之阔，已经显示了他在文学创作上的潜力。他还在成都的刊物上发表过一些冰心式的小诗，翻译了迦尔洵的小说《旗号》。后者应当是巴金发表的第一篇文学译作。

三

初出夔门

1923年5月初的一个晚上，巴金和三哥尧林离开了成都。旧式大家庭的生活方式不利于孩子健康成长。在父母亡故后，巴金与生俱来的忧郁变本加厉地严重起来，影响了他的健康。父亲死后的一年中，他几乎每隔十几天就要病倒一次，整个冬天一直在吞药丸。1918年去青年会补习学校学英文，才一个月的时间就生了三次病。这种疾病缠身的情况，同青春期的多愁善感以及对环境的反抗，相辅相成地成了恶性循环。这可能是成为他离开家庭以后对童年环境充满梦魇般回忆的一个重要原因。

从巴金与家庭的关系看，直到他离开成都时，他都未失去这个大家庭中的少爷地位。他的离家不像《家》里觉慧离家那么神秘。事情很顺利。先是三哥尧林提出要到上海读书，他也要同去。他们兄弟都在成都外专读了两年半，从补习

1923年巴金（右一）离开成都前与继母邓景蘧，胞兄尧枚（左二）、尧林（左三），弟弟采臣（左一）、济生（前立者）合影

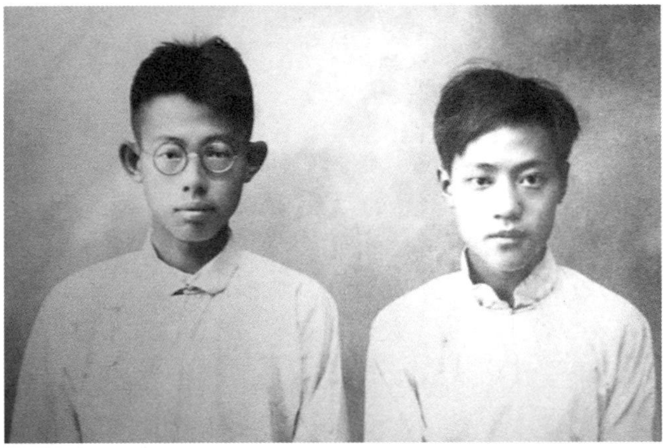

1925年，巴金与三哥尧林摄于南京

班读到预科、本科。但尧林读过中学，有毕业文凭。巴金没有读过中学，交不出中学文凭，只能算是旁听生，不能拿毕业文凭。这件事打动了继母和大哥，同意他跟三哥到上海继续求学。

初次出远门，在滔滔的江水声中坐船驶入渺茫前程之际，19岁的巴金不禁感慨万端，满怀离愁别绪。船到泸县的时候，他们曾上岸，买下了当时正流行的冰心女士的诗集。但那些温柔又充满爱心的小诗，无法使李家少爷一颗敏感的心得到安抚。我们从他途中写下的一首小诗中，就不难体会到游子的心情——

天暮了，
在这渺渺的河中，
我们的小舟究竟归向何处？
远远的红灯啊，
请挨近一些儿吧……

从1923年离开成都到上海，到1927年离开上海去巴黎，这是巴金人格的全面形成时期。短短的四年中，他奔波于上海、南京、北京三地，结识了国内外许多无政府主义同志，办刊物、写文章、搞翻译，完全摆脱了成都时期的幼稚与盲目。此时的宁、沪一带正是无政府主义的活跃之地。巴金到此，正如鱼跃入了大海，新结识的朋友都与他年龄不相上下，他们充满了朝气和勇气，共同讨论无政府主义的理论，交流国际国内无政府主义运动的信息，分析国内的革命形势以及他们要采取的行动。讨论刺激了学习，巴金用他那不太纯熟的英语和世界语，如饥似渴地阅读着欧洲无政府主义运动的各种理论文献和学术著作，以求从中寻找一条中国通向自由之路。在他的这些朋友中，有卢剑波、毛一波、卫惠林等。

经朋友抱朴的介绍，巴金与国际著名的无政府主义者爱玛·高德曼建立了联系。在成都的时候，巴金就怀着崇敬之情读过高德曼的书，“那雄辩的论据，精密的论理，深透的眼光，丰富的学说，简明的文体，带煽动性的笔调，毫不费力地把我这一个十五岁的孩子征服了”。如果说《告少年》煽起了他反抗封建社会的热情，《夜未央》向他展示了实现理想必须自我牺牲的途径，那么，高德曼则是正式向他启蒙什么是无政府主义的人。因此巴金称高德曼为他“精

巴金的朋友们在晚年的一次聚会（自左到右）：张易、任用方、（姓名不详）、索非、卫惠林、毛一波、高一萍（毛一波太太）、吴克刚

神上的母亲”。

在这一时期，巴金也终于找到了为实现理想所能做的工作方式：从事无政府主义的理论研究。巴金从根子上说是李家的少爷，虽然他童年时代在马房里同情仆人和轿夫的苦难，发誓要做一个站在穷人一边的人，但实际上，他并不能做什么实际的事情来改变穷人的命运。当他参与社会活动以后，他生来忧郁的个性使他无法投入到实际运动中去，唯一能做的就是在书斋中做理论研究，用自己的笔来发泄满腔的怒火和悲愤之情。在无政府主义运动史上，卓越的理论家同时又是实践家。巴金不是这样的，他始终把自己包裹在纯洁的理想光环之中。这并非远离实际行动，不是他不想为，而是他不能为，他缺乏这方面的能力。这种矛盾与痛苦，贯穿了巴金的前半生。

四

第一次北上

鲁迅（曹白作木刻像）

1925年的暑期，巴金和三哥都拿到了毕业文凭。下一步怎么走？在考什么大学的问题上，兄弟俩的选择大不相同，巴金向往的是北京大学。早在成都的时候，鲁迅的小说、周作人的散文、冰心的小诗都曾深深地吸引了他，唤起他对新文学的喜爱。北京作为新文学发源地深深地吸引着他。而三哥却决定到苏州去，考东吴大学，因为这所教会学校英文教学比较好，但对新文学的态度却相对保守。兄弟俩二十多年来一直没有分开过，现在人各有志，真的要分别了。哥哥尊重弟弟的选择，默默打点行李，在浦口送巴金登上北去的火车。

巴金这次北上，似乎还有一些没有说出的原因，就是北京当时的无政府主义活动搞得十分活跃。巴金在那儿可以见到很多朋友。来自朝鲜的亡命者沈茹秋等人听说巴金来了，就一起到前门车站去接他，共同的理想使他们有说不完的话。由于沈的介绍，巴金又认识了另一个朝鲜亡命者柳絮。当时朝鲜正处于日本的占领之下，亡国的痛苦折磨使他们年纪轻轻却有了白头发。“我们的生命恐怕还不如一只蚂蚁。”朝鲜朋友用悲愤的语调向他诉说了他们为解放祖国而进行的斗争。异国的朋友向巴金打开了一个全新的天地。十年以后，他把这些故事写进了一部短篇小说集《发的故事》。

但是巴金在任何时候都是两种性格的结合。

在朋友面前，他是兴奋、热情的，可是当朋友一离开他，寂寞、孤独马上会袭上心头。“在北京我只有偶尔来闲谈的朋友，半个月中始终陪伴我的就是一本《呐喊》。”20世纪20年代初巴金这么说。这种心情似乎影响了他考北京大学的意愿。他一直不大喜欢数理化，也担心考不好。正好这时他去检查身体，医生对他的肺部特别关注，检查后摇了摇头。医生没有说什么，但有着家族遗传病史的巴金马上就警觉起来。他神情沮丧，再也没有心思应考，便放弃考试，只身返回南京。

三哥没有责怪他，只是陪他去一个同乡的医生那儿检查，结果的确是肺病。在当时，这几乎是绝症，对于一个21岁的年轻人来说未免太残酷了。肺病在一定程度上也加重了他急躁、偏执以至绝望的心理。有人向他推荐了在上海的邓梦仙医生。三哥要去苏州念书了，他也不想在南京待下去了。这时他的许多朋友都相聚在上海。他便决定重返上海，一边养病，一边继续为理想、为事业而工作。

1929年，大哥李尧枚（前排左一）至上海，与巴金（后排左一）、堂弟李西舲等人合影

五

为主义奔波

巴金这一时期在上海的生活细节，我们所知不多。巴金自己只是说“一度靠两个面包和一壶白开水度日”。他的朋友毛一波对与巴金共同生活的情景有过精彩的回忆：

> 那也是多雨的春夏之交，我和几个亲爱的同志们住在上海贝勒路底。我们那时穷得只能吃几个面包和喝一点清水，然而，

巴金与卢剑波1987年10月摄于成都

同志们的精神却是十分饱满。我们还分了余钱出来出版革命刊物呢。那一个生了肺病的同志芾甘，正在负责译述先烈的遗著。在他难看的面色和干咳声中，他常是冒雨去为主义工作。我也曾和他一道在马路上奔跑过。让那斜风和冷雨打在自己头上。从贝勒路的南底跑到远远的印刷所去送取书报，雨水常是模糊了我们的近视眼镜……

文中所说的“先烈的遗著”应当是指《断头台上》的一些篇目。

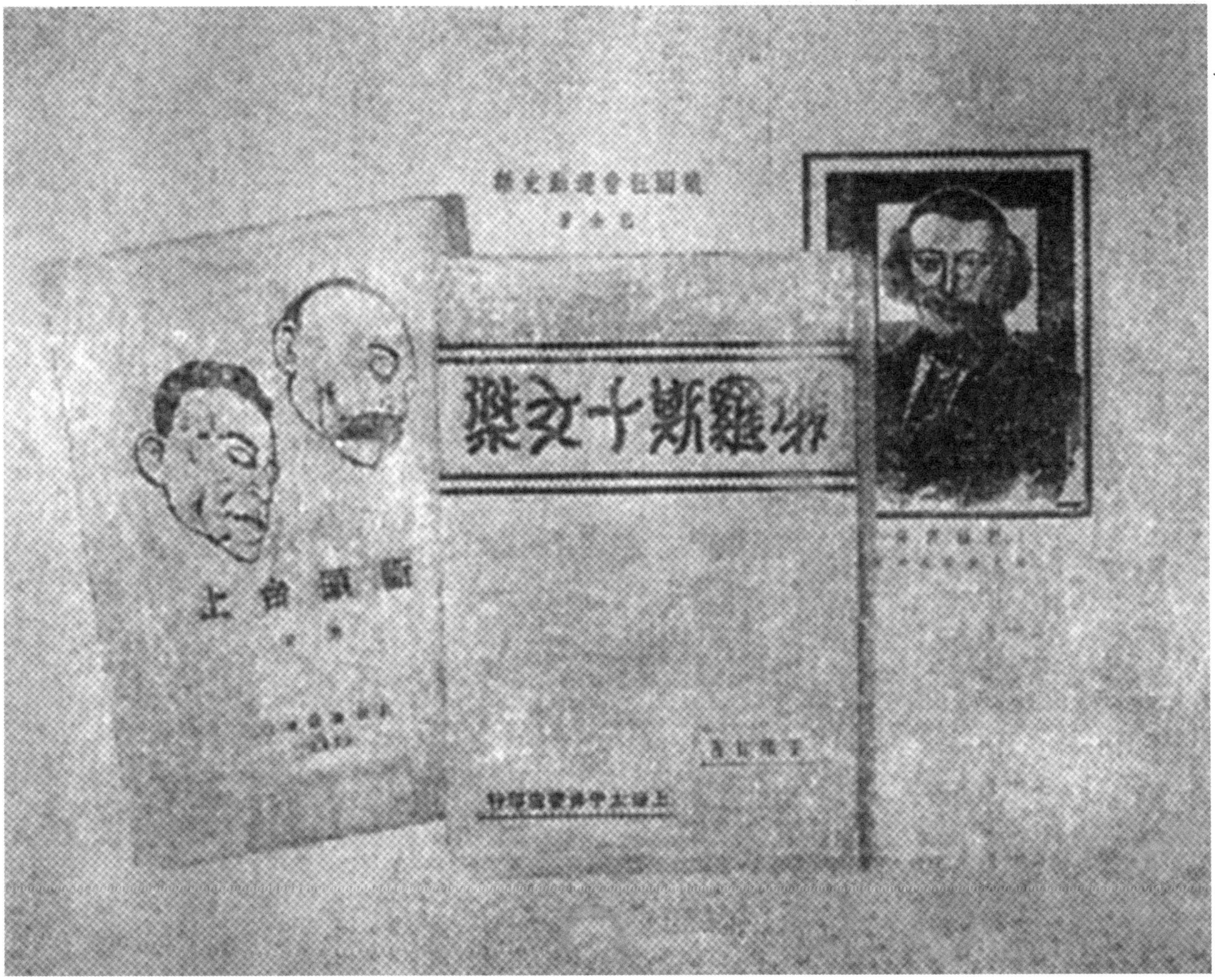

巴金编著的《断头台上》《俄罗斯十女杰》《俄国社会运动史话》等书

到1926年下半年，巴金搬出了贝勒路，先住到了康悌路康益里的一间亭子间里。在那里，他翻译了克鲁泡特金的《面包略取》。大约年底的时候，他又搬了一次家，搬到法租界马浪路的一条弄堂里，与两个朋友同住在三楼前后楼。那时，北伐战争已经打响，北伐军正步步逼近上海。这个在军阀孙传芳统治下的东方大都市到处是骚乱与暴动，但是巴金在这里住得并不久。1927年1月15日，他就和朋友卫惠林一起登上了“昂热”号游船，到法国去了。

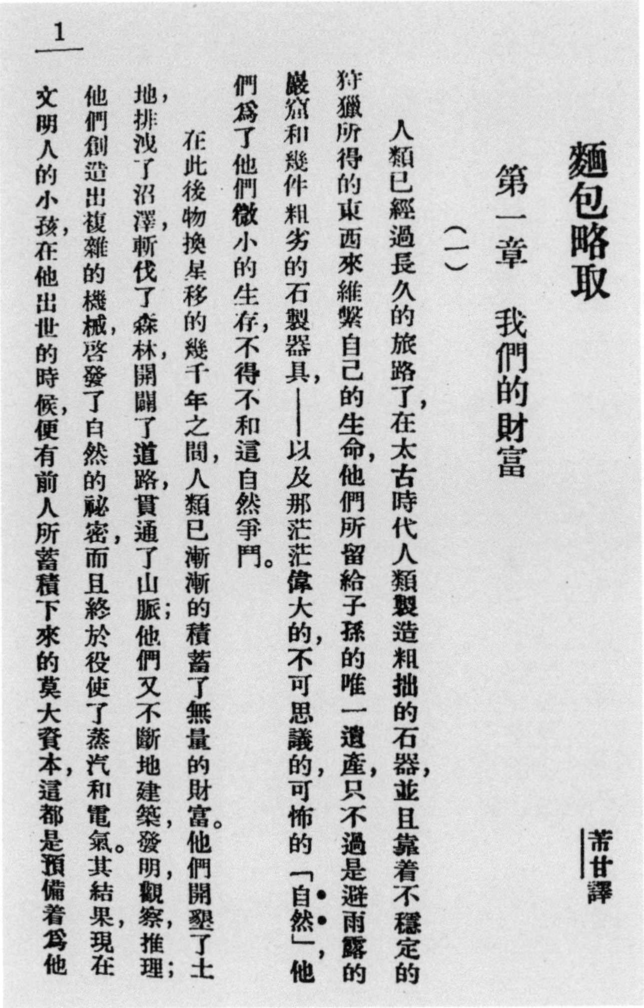
1

麵包略取

第一章 我們的財富

(一)

芾甘譯

人類已經過長久的旅路了，在太古時代人類製造粗拙的石器，並且靠着不穩定的狩獵所得的東西來維繫自己的生命，他們所留給子孫的唯一遺產，只不過是避雨露的巖窟和幾件粗劣的石製器具，——以及那茫茫偉大的，不可思議的，可怖的「自然」，他們爲了他們微小的生存，不得不和這自然爭鬥。

在此後物換星移的幾千年之間，人類已漸漸的積蓄了無量的財富。他們開墾了土地，排洩了沼澤，斬伐了森林，開闢了道路，貫通了山脈；他們又不斷地建築，發明，觀察，推理；他們創造出複雜的機械，啓發了自然的祕密，而且終於役使了蒸汽和電氣。其結果，現在文明人的小孩在他出世的時候，便有前人所蓄積下來的莫大資本，這都是預備着爲他

巴金翻译的克鲁泡特金著作《面包略取》，当时译作署名为芾甘

第三章

圣母院钟声响起的时候

（1926—1930）

卢梭像（原铜像毁于“二战”，此为后来重建石像）

一

奔赴巴黎

巴金留法护照上的照片，摄于1926年底

巴金去法国时，正是成都老家面临破产的时候，他能从家里筹到一大笔钱出走，也是两个哥哥的一片爱心所至。这一点巴金心里自然明白，但他没有为家里的处境多加考虑，去法国巴黎的念头像一个美丽诱人的姑娘不断地撩拨，以致折磨着他的心。巴金对巴黎向往已久了，那里有着悠久的大革命传统。1789年法兰西人民攻占巴士底监狱和1871年巴黎公社的成立等事件，都在巴金心中占着重要的地位。他读过许多欧洲无政府主义文献，不能不涉及这些光辉的革命历史。50年后，巴金接受记者采访的时候也说："法国较其他国家容易接纳中国学生，其次是因为生活费用较低。但最主要的是因为法国是很多被放逐者的庇护所，形形色色的革命者都来到法国生活。"

巴金最初打算到法国攻读经济学，这可以看出他作为一个社会主义者与其他无政府主义信徒不一样之处。无政府主义者一般偏重伦理道德立场，马克思主义者则偏重经济立场。巴金在研究克鲁泡特金的理论之外，还广泛地汲取其他欧洲各派的社会主义理论。他选择经济学作为上大学学习的专业，可以看作他在国内已定下的研究无政府主义理论和运动史计划的一个环节。当时他大哥答应给他钱留学，明明是要他学工科，将来回国当工程师的。

巴金到了巴黎以后，实际情况却让他走上

了另外一条路。原因是他不久后收到了家里的来信，正式告诉他老家破产，无法供给学费。

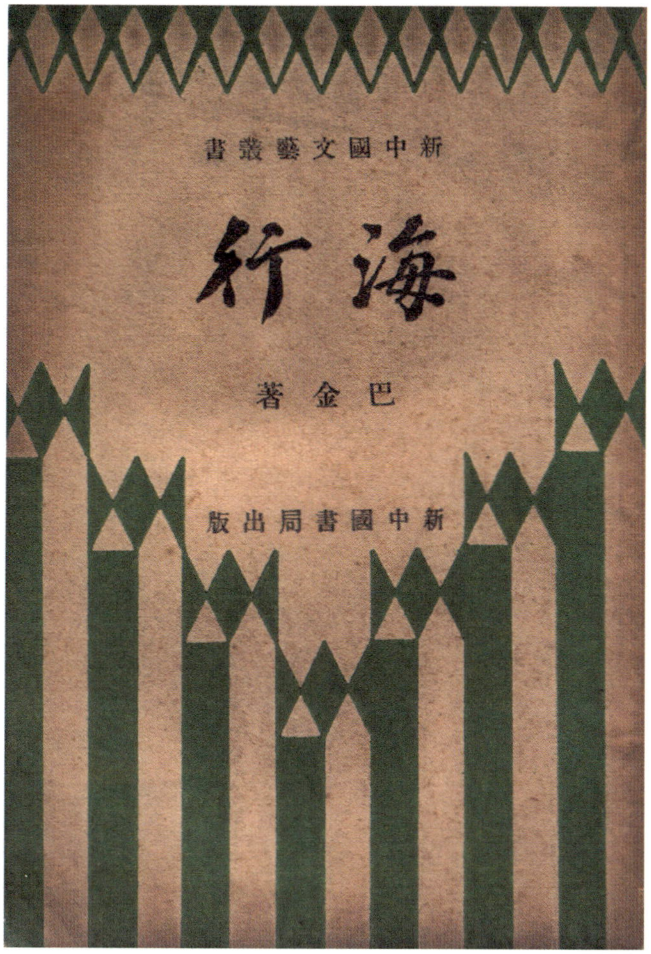

《海行》书影

上海新中国书局1932年12月初版

他当时在巴黎的法国文化协会附设的夜校学习法文。消息传来，他遂停止了正式学习——这段时间不过一个多月。这期间，巴金不但整理了航海日记《海行》，为了排遣内心的寂寞，还写下了《灭亡》的前四章。

在《海行》中，巴金不仅记下了他一路的所见，而且还留下了对巴黎的最初印象：

> 我来巴黎不过一个多月，住在拉丁区的一家旅馆里。每天除了照例到卢森堡公园去一两次，晚上到学校补习法文外，就把自己关闭在六层高楼上的一间充满了煤气和洋葱味的小屋里面。我所看见的只有一片四方的小小的天，连阳光也看不见。
>
> 黄昏时分我也常常去街上走走，附近的几条街上，晚间向来是很寂静的……一盏煤气的街灯，一个破败的烟囱，都有它们的苦痛的历史。还有那像在燃烧的红天，高耸着像两块墓碑般的圣母院的钟楼，整日整夜悲鸣着的圣母院的钟声……

二

立誓献身的一瞬间

巴金在法国的两年时间，是他人生道路上最重要的一环。在这个国家里，巴金完成了人格的第一次自我塑造。在这段时间里，巴金不但产生了“立誓献身的一瞬间”，而且在为实现信仰而斗争的道路上，他的理想和实际所从事的工作贴得最近，心灵与行动之间的默契最为和谐。不妨大胆地说，这是他的人格发展最辉煌的时期。

巴金到巴黎没有多久，就被卷入了忙乱的国际政治活动。当时，各国无政府主义者在秘密酝酿着召开新的代表会。巴金与朋友吴克刚

凡宰特和萨珂（右），巴金称他们为自己的“先生”

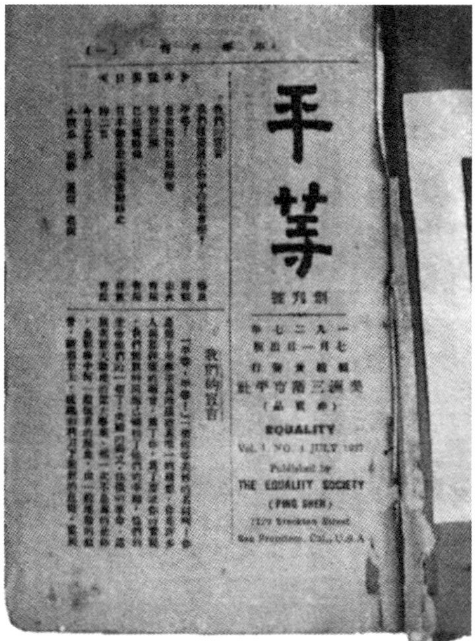

1927年，宣传无政府主义的刊物《平等》在美国旧金山出版，巴金在上面写了大量文章。左图为《平等》创刊号书影，右图为巴金发表于《平等》上，控诉杀害凡宰特和萨珂的文章《法律下的大谋杀》

也一起参与了中国代表的筹备活动，后来发生了筹备会议失败和代表被驱逐的事情。巴金还见到了著名的无政府主义者格拉佛和柏克曼，参加了营救在监狱中的无政府主义者杜鲁蒂的活动。还有一件事情对巴金人格的发展产生了至关重要的影响，那就是“萨凡事件”。无政府主义者萨珂和凡宰特都是在美国的意大利工人领袖，领导了当地的工人运动。1920年5月，他们被美国警察局逮捕了，并被定上了杀人抢劫的罪名，判处死刑。这个案子激怒了全世界的民主阵营，欧洲的知识分子精英法朗士、爱因斯坦等都曾为营救这两个工人发表过声明。萨、凡二人也不断上诉，使这场官司拖延了七年之久。1927年4月，美国马萨诸塞州法庭依然要把二人处以电刑，在同年的7月10日执行。巴金到法国的时候，这场营救活动正处于高潮。在他住处的小咖啡店门口，到处张贴着“演讲会”“救援会”“抗议会”的海报。报纸上每天都登载着他们的消息。巴金与这一事件的最初接触契机，是无意中读到了凡宰特的自传，里面的一些话让他非常感动：“我希望每个家庭都有住舍，每张口都有面包，每个心灵都受到教育，每个人的智慧都有机会发展……”于是，巴金就给狱中的凡宰特写了一封长信，像对着一个亲人诉苦那样把自己的痛苦和希望都对凡宰特说了，并积极参与到营救他们的行动中。

但在7月10日到来之前，他意外地收到了凡宰特从波士顿死囚牢里寄来的长信。这是巴金青年时代最重要的日子，巴金自称，“这是兴奋得没有办法”的几天。7月10日，法院宣布将二人的死刑执行期推迟一个月，重新审理。11日，巴金立即给凡宰特去了第二封信，还寄去了一张照片，凡宰特也回信了。凡宰特在信

1927年，巴金摄于法国巴黎

中向年轻的中国同志寄予了新的期望：

> 青年人是人类的希望，当我看见你的照片时，我的脚就激动地跳起来，我对自己说：“呵！在我衰弱的手中渐渐倒下去的旗帜——那自由事业的旗帜，那无上美丽的安那其的旗帜，将在他们中间高高地举起。——如果真能这样的话，那可就太好了。”

凡宰特的信，极大地激发了巴金献身信仰的热情。可是营救他们的运动却遭到了打击，两个工人领袖在8月23日被送上了电椅处死。这个消息巴金是在8月24日下午才知道的。当时巴黎的《每日新闻》上的黑体字赫然在目：“罪恶完成了……”巴金曾这样描述被愤怒和绝望所包围的心境：“我不能够像往常那样地工作。我绝望地在屋子里踱了半天。……我写了一天的信，寄到各处去，提出我对那个‘金圆国家’的控诉，但是我仍然没法使我的心安静。我又翻出那个练习本把我的心情全写在纸上。”

三

玛伦河畔

1927年7月下旬或者是8月初，巴金因肺病加重，离开了那间充满煤气和洋葱味的小屋，搬到巴黎以东约一百千米玛伦河畔的小城沙多–吉里。那是法国著名寓言作家拉·封丹的出生地，巴金就住在以这位作家命名的中学里学习法语。小城宁静的生活把巴金一颗烦躁不安、忧郁难熬的心慢慢地熨平了。圣母院的钟声已远去，巴金的心恢复了平静。在那儿，他静心养病、读书、翻译、编刊物、写小说，度过了相当充实的一年。他关心国内的政治局势，并写文章和友人们讨论。1928年初，他开始翻译克鲁泡特金的《伦理学的起源和发展》。在这部书中，克氏探讨了人类伦理道德的发展历史，揭示了人类本性中互助、正义、自我牺牲的三大规律。为了翻译这部书，巴金埋头啃了很多欧洲古典哲学和宗教书籍，他从克氏渊博的学说和华丽的思想中看到了一种使人变得高尚起来的东西。面对国际上泛滥的镇压无政府主义的滚滚浊流和国内大开杀戒的危险局面，他只能沉醉于书本中，在先驱者的思想中寻求精神支柱。

留法时结识的朋友，左起：巴金、桂丹华、詹剑峰，1928年摄于法国

译完《伦理学》的上部，巴金感到松了一口气，他的情绪变得轻松起来。他起初打算继续专注关于俄国革命史的研究，阅读各种回忆录，但渐渐地，他被一些描写俄国民粹派革命者的文学作品所吸引。在阅读的过程中，巴金

断断续续写了一些关于俄国革命家的传记，翻译了几篇描写革命党人的小说和特写。文学作品刺激了他的文学想象力，他的思路逐渐由学术研究转向了空灵的艺术想象。就在这样的气氛下，他收到了大哥的来信。大哥这些年来独自苦撑着成都老家，对外要供两个弟弟上学读书，对内要养一大堆家眷，他又不善经营，祖传的田地几乎已经卖完了，只是把钱放在外面收利息，入不敷出。他给弟弟的信中无非说一些伤感的话，希望弟弟学成归来，也可以光宗耀祖。可是这个念头，对立誓献身的年轻无政府主义者来说，是多么陌生！他读着大哥的信，心中慢慢地痛苦起来："我觉得我必须脱离家庭，走自己选择的道路。我终于要跟他分开。我应当把我的心里话写给他。然而我又担心他不能了解。我又怕他受不了这个打击。想来想去，我想得很痛苦。但是最后我想出办法来了。我从箱子里取出了那本练习本，翻看了两三遍。我决定把过去写的那许多场面、心理描写和没头没尾的片段写成一部小说，给我的大哥看，让他更了解我。"

《灭亡》不是一部宣传主义的书，杜大心也不是巴金，但针对这个人物呈现的许多深刻的心理体验，若不是有亲身经历则很难被表述得这样精彩。杜大心的艺术家形象在中国现代文学史上第一次给人一种向上的精神力量。一个病魔缠身的肺病患者，忍着极大的生理和心理痛苦，为反抗专制制度而拼命工作。肺病使他看不到个人的前途，过于强大的黑暗环境使他看不到人类的前途。虽然杜大心也被人爱过，但个人的爱情远远抵不住社会让他绝望而产生的恐惧。他自愿走上了灭亡的道路，以求一死来获得永恒的安宁……8月初，巴金用五个硬

《灭亡》书影

上海开明书店1929年10月初版

纸面的练习本整理和抄写了《灭亡》的全稿，在前面写了一篇自序和一句题词“献给我的哥哥”，并第一次署上了“巴金”的名字，寄给了国内的朋友。他打算自己花钱将书印出来。

8月底，巴金回到了巴黎。这时起，他就开始做回国的打算。10月18日早上，他由巴黎到达马赛。因海员罢工，他滞留了12天，住在海滨的美景旅馆，整天读左拉的小说和看电影。30日，他乘船由马赛回国。

四

西湖的梦

巴金没有想到，他回到上海不久，他的《灭亡》已经由叶圣陶先生推荐给《小说月报》开始连载了。《小说月报》在当时是全国最有名望的文学刊物，而且编者以较大的篇幅推出这部作品，它受到的关注是不难想象的。在此书出版的预告中，编者介绍此小说是青年作家的处女作，写了一个蕴含着伟大精神的少年的活动与灭亡。在小说刊完时，编者说曾有好些人

1930年摄于西湖

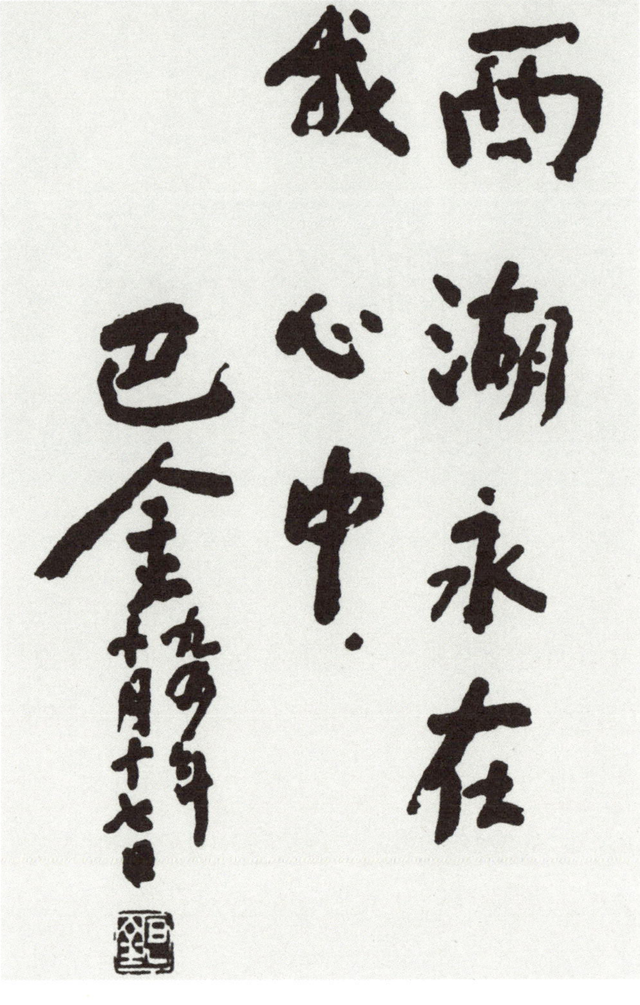

“西湖永在我心中”，是巴金晚年难得的几幅毛笔题词之一

1929年，巴金在上海世界语学会成员合影，后排左一为巴金

来信问巴金君是谁。编者在这一年的年度报告中还说巴金的小说收获了许多批评者的好感，预言他将来会有更多受到热烈评赞的机会。

巴金也没有想到，《灭亡》的成功将会改变他的人生选择，从而使他的心灵坠入一种极其矛盾而无法自拔的深渊中去。他从法国回到上海，依然是雄心勃勃、一如既往的无政府主义者。但是他发觉，无政府主义运动在上海已经是今非昔比。昔日运动中的老将早已在政府里当差，坚持理想的朋友都离开了上海，到福建、广东和四川等地发展。幸而还有个自由书店，巴金可以与之保持联系。他以"马拉"的笔名为书店编了一本《自由月刊》，另外还为它翻译无政府主义的经典著作。

后来，自由书店也关门了，巴金似乎和整个中国无政府主义运动一起沉寂下来，他从事的最后一件工作是编《时代前》。那是1930年，巴金、卫惠林等人在西湖共同商定的一件事情。巴金曾多次回忆过这次西湖之行，他说："1930年我第一次游西湖，在一个月夜，先到三潭印月，仿佛在做一个美丽的梦。"不过梦终究是梦，虽然美丽但不长久。由巴金等人负责的这个刊物并不景气，办了半年就无疾而终了。中国的无政府主义政治运动大约真的寿终正寝了。作为在这个运动中投入了十年之久的巴金，这时候才真正感到了切身的寂寞。"每夜我底心疼痛着，在我的耳边响着一片哭声，似乎整个的黑暗世界都在我底周围哭了。"

中国作家协会杭州创作之家，巴金晚年来杭州曾几度借住于此

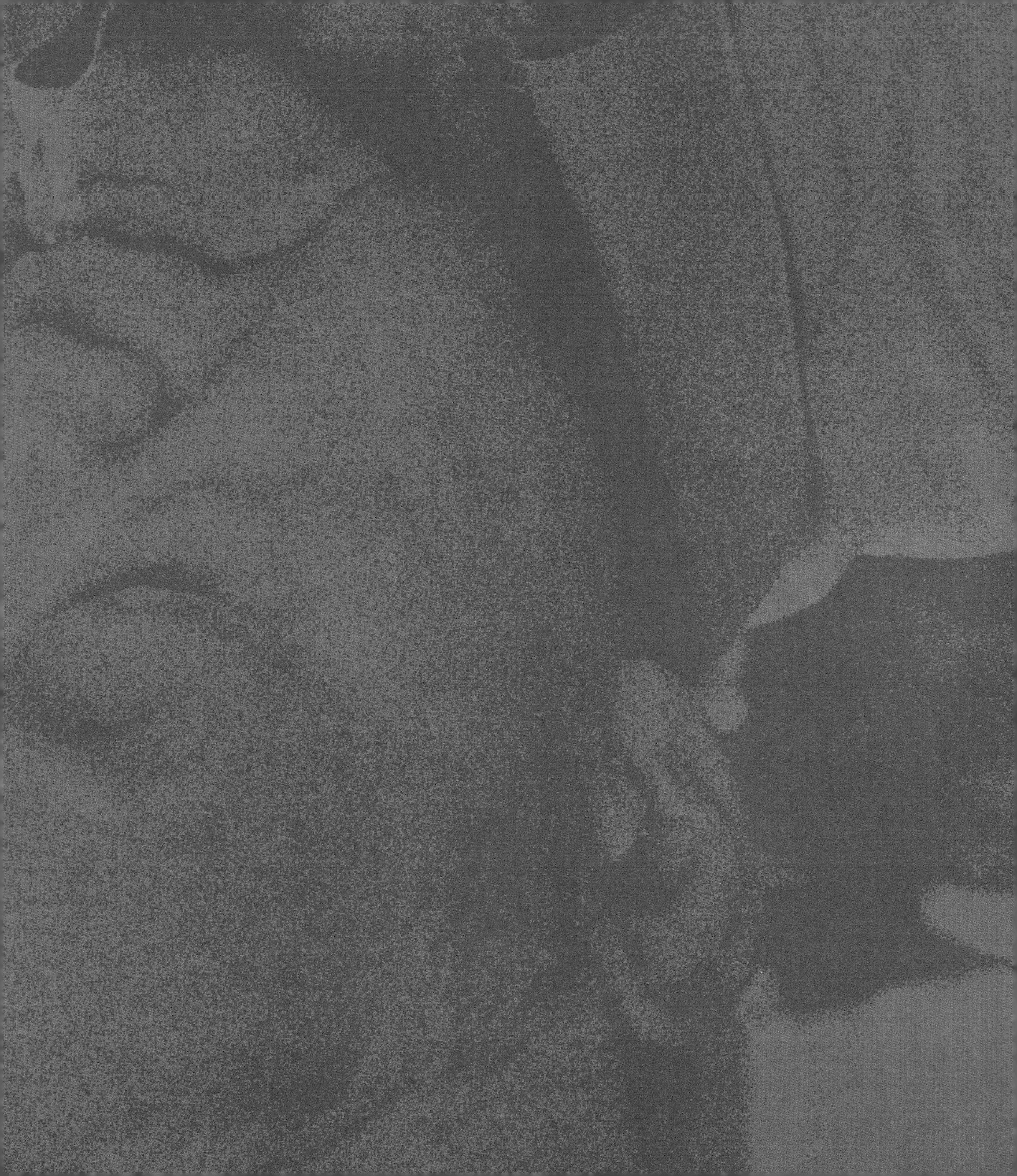

第四章

无边黑暗中的灵魂呼号

（1930—1935）

一

人格的榜样

1929年到1931年，是巴金人生道路的转折期，也是他由坚定的信仰至上者向痛苦的双重人格的转化期。他真正感到无政府主义理想的遥远和改变中国残酷现状的困难。虽然太阳仍然一天天升起，但他心中的理想却一天天远去。

1930年1月，巴金译完了克鲁泡特金的自传，这是他译的克氏的第三本著作。在自传中，克氏写了他的前半生——自童年到亡命西欧的

晚年的克鲁泡特金

一段生活经历，也是他如何选择人生道路，寻找到奉献终身的无政府主义理想的过程。巴金翻译完这本书后给17岁的弟弟写了封信，并把它作为这本书的序言。他是这样描述克鲁泡特金一生的：

> 他舍弃了他的巨大的家产，他抛弃了亲王的爵号，甘愿进监狱、过亡命生活、喝白开水吃干面包、做俄国侦探的暗杀计划之目的物。在西欧亡命了数十年之后，终于回到了俄罗斯的黑土，尽力于改造事业，到了最后以将近八十岁的高龄在乡间一所小屋里一字一字地写他的最后的杰作《伦理学》。这样地经历了八十年的多变的生活之后，没有一点良心的痛悔，没有一点遗憾，将他的永远是青春的生命交还与"创造者"，使得朋友与敌人无不感动，无不哀悼。这样的人确实如一个青年所批评"在人类中有最优美的精神，在革命家中有最伟大的良心"。

巴金把这样的人的一生称为一个道德发展的人格之典型。他告诉他的弟弟："你可以反对

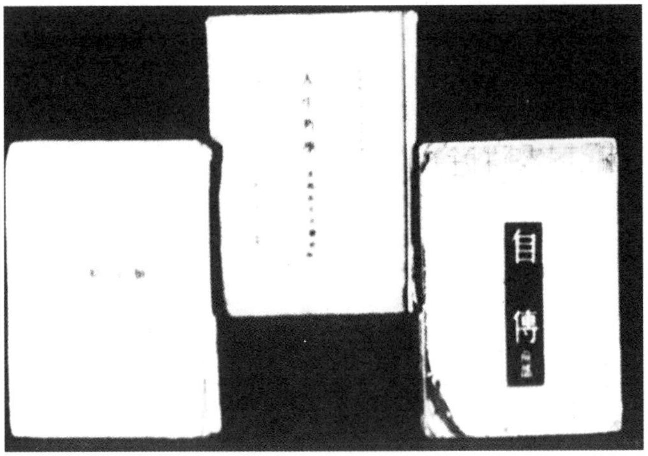

巴金译克鲁泡特金著作《面包略取》《人生哲学：其起源及其发展》《我的自传》等书影

或者信奉克鲁泡特金的主张，但你一定要像全世界的人一样，赞美他的人格，承认他是一个最纯洁、最伟大的人，要拿他做一个模范去生活、去工作、去爱人、去帮助人，这样的话，你的一生才不会有一刻良心的痛悔，不会有对己对人不忠之事。"这也可以看作巴金的一种自我勉励。无政府主义的政治理论、社会理想在残酷的现实环境里无法坚持下去，或可以暂且放下，但作为一种道德人格的发展，不能不继续成为真诚的理想主义者的人生座右铭，指示着他今后所走的道路。所以，这个时候，他郑重推出克鲁泡特金的自传，正是借助一个伟人的故事来揭示一个伟大人格的成长史。

二

心中的激流

1930年以后，巴金作为一个多产作家而蜚声文坛，拥有了许多相识与不相识的崇拜者。这种魅力不是来自他生命的圆满，恰恰是来自他人格的分裂：他想做的事业已无法做成，不想做的事业却一步步诱使他功成名就，使他痛苦、矛盾、焦虑……这些情绪用文学语言宣泄出来以后，唤醒了因为各种缘故陷入同样感情困境的中国知识青年孤寂的心灵，这才使他成了这种青年的偶像。巴金的痛苦就是巴金的魅

长篇小说《家》的部分外文译本书影

1929年，巴金（后立者）与他的哥哥李尧枚

力，巴金的失败就是巴金的成功。

1929年上半年的《灭亡》获得的意外成功对巴金本人并没有产生特别大的影响，甚至他还没有意识到今后的人生道路将会改变。最初他打算继续在回国途中构思的《春梦》的写作。1929年大哥来上海探望他，兄弟俩还谈起《春梦》的计划，大哥支持他的设想。但到1930年他写出的却是一部以五卅运动在南京引起的反帝活动为背景的《死去的太阳》。可见他依然不能忘怀赴法以前在宁沪一带搞政治活动的生活。但是，从1930年10月以后到1931年的上半年，是巴金闭门发愤著述的高潮时期。他同时创作了3个中长篇：《新生》《雾》《家》。当然，最重要的是《激流》三部曲中第一部《家》的诞生。巴金后来回忆说：

> 上海《时报》的编者委托一位学世界语的姓火的朋友来找我，约我给《时报》写一部连载小说，每天发表一千字左右。我想，我的《春梦》要成为现实了。我没有写连载小说的经验，也不去管它，我就一口答应下来。我先写了一篇《总序》，又写了小说的头两章交给姓火的朋友，转送报纸编者研究。编者同意发表，我接着写下去。我写完《总序》决定把《春梦》改为《激流》。故事虽然没有想好，但是主线已经有了。我不是在写消逝了的渺茫的春梦，我写的是奔腾的生活的激流。

《激流》脱胎于《春梦》。他的写作得到了大哥的鼓励。巴金决定用他大哥的性格、事迹及其委顿的人格，来揭示一个旧式大家庭的衰败历史。富有戏剧性的是，在《时报》始载

《激流》的第二天，巴金刚刚完成第六章《做大哥的人》的时候，大哥的讣电传来。大哥从1920年开始断断续续地发精神病。他不善理财，分家以后，辞职卖田，用钱去做投机生意，后来大病一场，失去了赚钱的机会。接着，大哥在一夜间突然发病，把所剩的“贴现的票子扯成碎纸，弃于纸篓内”。第二天醒来，这些撕碎的票子又都倒掉了，家里彻底破产了。这直接导致了大哥的自杀。

大哥的死激起了巴金对家庭以及别房长辈的仇恨。他把无政府主义运动失败以后在社会上感受到的精神压抑和反抗的要求，统统发泄在导致大哥自杀的封建家庭制度上。而且，大哥一死，巴金和这个大家庭的其他亲戚之间的最后一点牵连也中断了。他可以无所顾忌地把

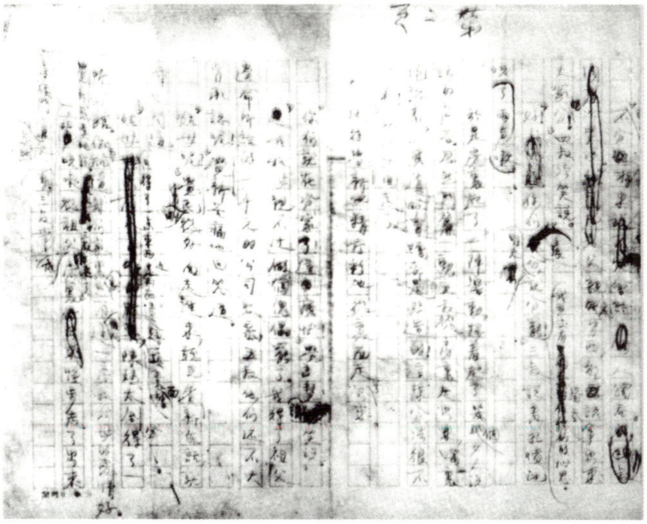

1933年补写的《家》手稿之一页

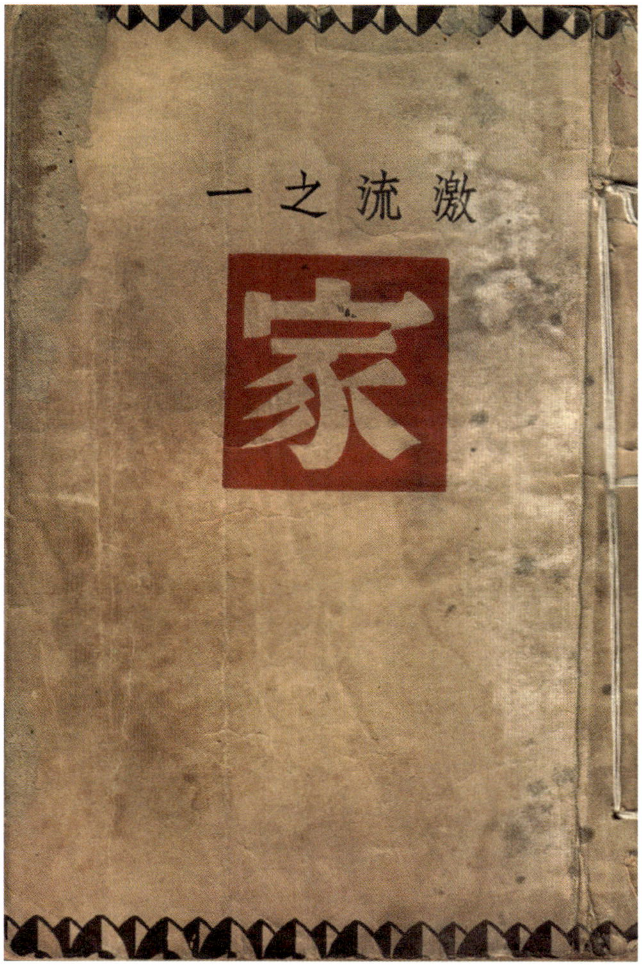

《家》1938年1月修正一版书影

上海开明书店1933年5月初版

家庭看作假想的敌人，用夸张的笔调塑造出高老太爷、克明、克安等一大帮没落地主的丑恶形象，并且无中生有地在这个半虚构半写实的高家大院里制造了一桩桩血案。这部小说中最有意义的是塑造了觉新这个人物，与杜大心一样，觉新在当时的新文学创作中也是一个崭新的角色。尽管这个人物性格直到《秋》里才最

后完成，但《家》中已经勾勒出这个悲剧人物的基本性格。觉新是个懦夫，是一个清醒地认识到自己悲剧命运的懦夫。他接受了五四新文化的影响，但他整个人都是属于旧制度的，他无法想象离开这个家庭的“大锅饭”将会变得怎样。为了保住自己可怜的生存权利，他只能怯懦地甚至可耻地活着。觉新的性格对于跋涉于苦难历程的现代中国知识分子性格具有很大的概括性。

《激流》从1931年4月18日在《时报》上连载。《时报》的主要读者是上海市民（包括学生）。《激流》的连载增加了巴金在读者中的知名度，但从连载的最初情况看，小说并没有引起强烈的反响。“九一八”事变后，因为新闻报道的增加，版面有所更改，《激流》连载曾经一度中断，编辑也开始抱怨小说的篇幅太长，但巴金还是坚持把它写完，并以放弃稿酬为代价，换得了编辑们继续刊登完小说的许诺。直到1932年5月22日，终于结束了这一马拉松式的连载。《激流》在总序中曾经预告这是一部“过去十年生活的一幅图画”，但现在写完的小说不过是叙述了一年间的故事，差距实在太大。这时巴金才考虑把《激流》写成多卷本的小说，而这一本只是第一卷，另起了名字叫《家》，后面的两卷分别是《春》《秋》。

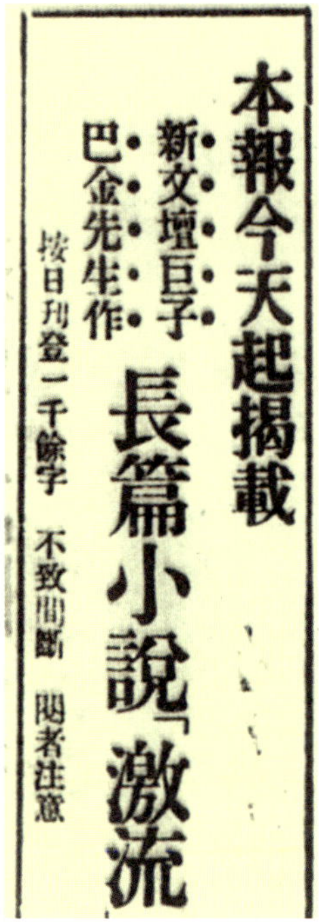
本報今天起揭載
新文壇巨子・巴金先生作・長篇小說「激流」
按日刊登一千餘字 不致間斷 閱者注意

1931年4月18日，《时报》刊登《激流》（《家》）时的广告

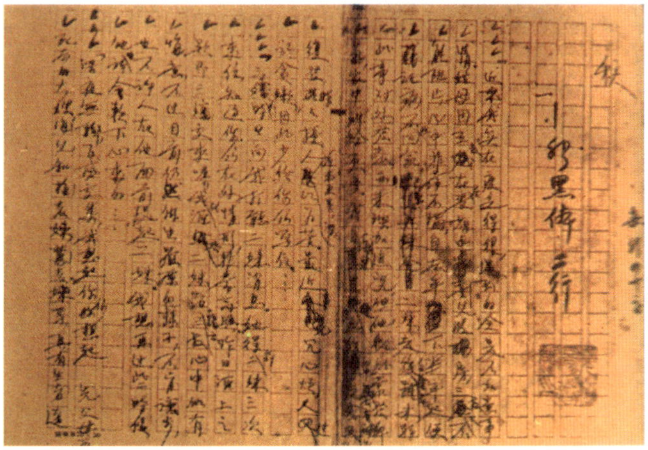

《秋》手稿之一页

文学上的成功并没有给巴金带来丝毫沾沾自喜。相反，他笔下满纸都充满了堕入深渊似的痛苦。1932年元旦过后，他在日记本上曾写下这样一段独白：

> 奋斗，孤独，黑暗，幻灭，在这人心的沙漠里我又过了一年了。
>
> 心呵，不要只是这样地痛罢，给我以片刻的安静，也可以安舒我的疲倦的心灵。

三

“闯”入文坛

从1932年2月到7月，是巴金继1931年后的又一个创作高潮，他连续写作了几部中篇小说：从3月起，他开始写《海底梦》；5月上旬自闽南回来，就着手写《春天里的秋天》；6月又接着写反映个旧锡矿工人生活的《砂丁》；紧接着7月内他又完成了《新生》的重写。这期间，他还分几次写完《爱情的三部曲》之二《雨》，字数计在36万字以上。旺盛的精力和蓬勃的生命力令人惊讶不已。

繁重的、缺乏规律的写作生活损害了巴金的健康，病态的心理又使得他维持着更加不健康的写作生活。他把写作当作一种宣泄苦恼、消耗生命的方式，以此来掩盖自己日益加重的信仰危机。

1929年巴金与大哥尧枚、堂弟西舲在上海合影

《爱情的三部曲》及各单行本书影

《雾》，上海新中国书局1931年11月初版；《雨》，上海良友图书印刷公司1933年1月初版；《电》，上海良友图书印刷公司1935年3月初版

在1931年11月写的《光明》集序里，他几乎不能自制地写了这样一些话：“这一年来不知道怎样，我竟然把患病以外的全部光阴花在写作上面。每夜，每夜，一切静寂了，人间的悲剧也都暂时结束了，我还拿着笔在白纸上写黑字，好像我的整个生命就在这些白纸上面……”就这样，巴金以病态的写作热情，慢慢地走出了原来封闭的生活圈子，走向了社会，也走向了文艺界。他开始在中国新文学的发展史上开拓自己独特的行走轨迹。巴金常喜欢说自己是“闯”入文坛，这个“闯”字表现了他桀骜不驯的独立个性。20世纪30年代的中国文坛是流派林立、文人斗法最厉害的时期，而巴金对这些斗争毫无兴趣。他既不在文艺观点，也不在政治观点上去寻求认同者。他只相信友谊，只认识朋友。在友情这个界限内，他把最复杂险恶的文坛斗争处理得相当妥善。

巴金的名声越来越大，熟人越来越多，向他约稿的刊物也越来越多。1932年下半年开始，巴金一面旅行，一面写短文。署了他名字的作品像天女散花似的出现在各个刊物上，但较大规模的作品却不多了，取而代之的是短篇小说、散文、随笔等。叶圣陶等都劝他慎重发表文章，但巴金没有接受劝告。很显然，他对写作的看法与一般作家不同。他从不考虑自己在文坛上的名声，更不考虑艺术的永恒。他只求宣泄心中的热情，只求在与读者的交流和沟通中平衡自己的内心。1933年他写的散文《灵魂的呼号》，倾吐了这样的想法：“我不是一个文学家，也不想把小说当作名山盛业。我只是把写小说当作我的生活的一部分……我的文章是写给多数人读的。我永远说着我自己想说的话，我永远尽我在暗夜里呼号的人的责任。”

“暗夜里呼号的人”，这是巴金给自己加上的一个称号。在他第一本小说《灭亡》的头一章，标题就是“无边的黑暗中一个灵魂底呻吟”。这一个灵魂始终那么不安宁、那么痛苦。不安定的灵魂与不安定的生活是一致的。自他在宝光里的住房在“一·二八”事变中被日军炸了以后，整整3年巴金始终过着“不安定的漂游生活”，生理上的疾病和心理上的痛苦都需要他“转地疗养”。他把疗养当作旅游，使精力与体力得以恢复和调剂。这期间巴金几乎马不停蹄，奔波于南北两地。

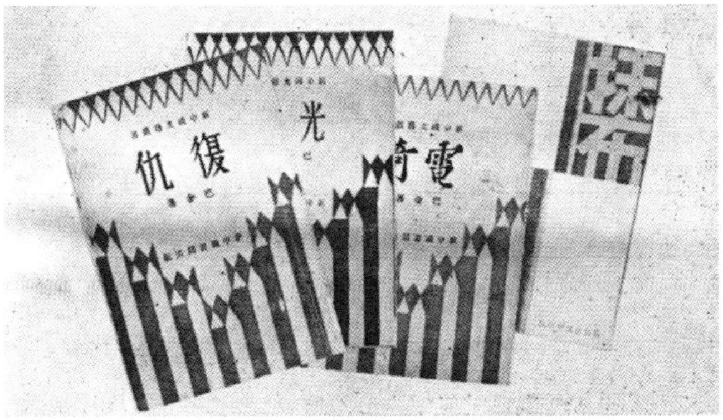

巴金的部分短篇小说集书影

四

南国的梦与北方的呼号

1927年以后，共产党与无政府主义作为政治上的异端力量都遭到了镇压。有一部分广东、福建的年轻无政府主义者聚集到福建泉州、浙江温州等地，他们又转而从事群众组织、文化教育等方面的工作。泉州的黎明高中和平民中学就集中了一批无政府主义者或者有相同倾向的人。

巴金三次去泉州晋江一带，他的主要目的是探望朋友，或者说，他以一个局外人的眼光去看这些昔日同志们的努力。但这种隔膜并非一开始就形成，而是随着巴金对运动的失望而逐渐加深的。从他的《旅途随笔》等文章中，我们不难看到巴金对泉州朋友们的态度。他既是他们的局外人，又对朋友们的殉道精神满怀感激之情，他在他们中间，仅仅是寻找友谊，寻找安慰："我本来应该留在他们中间工作，但是另一些事情把我拉开了。我可以说是有着两个'自己'。另一个自己却鼓舞我在文学上消磨生命。我服从了他，我写下一本一本的小说。但是我也有悔恨的时候，悔恨使我又写出一些回忆和一些责备自己的文章。"

1933年，巴金摄于北平圆明园旧址

巴金的部分中篇小说书影

巴金在20世纪30年代的北游比南行稍晚一些，是与南行交错进行的。有意思的是，在这种交错旅行中，他的生活圈子、活动方式以及心理状况都发生了截然不同的变化。南方的朋友大多是非文学性的，北方的朋友多是属于文学圈子的。在南方，他时时受着理想的鼓舞。火热的太阳、湿润的泥土、美丽的风光，都使他心灵充满了温馨，他做的是南国的梦。在北方，他却时时感到现实的压迫。干燥的气候、呼啸的北风、传统文化的鬼魅，让他心里感到绝望与愤怒，他发出的是灵魂的呼号。南方给了他温和，北方使他感到恐惧。他对自己一天天陷入文学圈内却又不甘心如此下去感到恐惧。

他北上旅游最长的一段时间是1933年9月下旬到1934年2月。他先是住在沈从文的新居府右街达子营，“那是一个小院落，正房三间外带一个小厢房，院子里有一棵枣树，一棵槐树”，被主人称为“一枣一槐庐”。巴金到后，就住在沈从文的书房里。在那里，他结识了一批被称为“京派”的教授学者，也结识了一批正在崭露头角的青年诗人、小说家，开始过着名副其实的文坛生活。

这种生活对巴金来说也许是痛苦的，但毕竟又是现实的。在这次北上前夕，他似乎有一种预感：过去所持的信仰已经离他而去，仅剩一个空洞而美丽的幻想罢了。在第三次南下过程中，他只谈友情与献身，不谈信仰与实践。在北京，他继续在沈从文家里创作小说，写了《爱情的三部曲》的插曲《雷》以及第三部《电》的前半段。这时沈从文正在写《记丁玲》和《边城》，巴金坐在客厅里写，沈从文则坐在院子里写。巴金写得快，沈从文写得慢。巴金写过后对内容记得清清楚楚，但沈从文写完后就忘了。

巴金的《电》最后是在燕大教师宿舍中完成的。可能是沈从文家里来了客人，巴金就住在燕大夏斧心的宿舍中。后来巴金又搬到三座门14号靳以租的《文学季刊》社，与靳以住在一起。1934年初，他也投入了《文学季刊》的编辑工作。这时候，正是北方文学蓬勃发展的时期，以北平的高校为中心，正在形成一批融贯中西文化的教授学者的文学圈子。所谓“京派”，大致可以分为周作人、冯文炳、杨振声等20世纪20年代出道的第一代，还有朱光潜、沈从文、林徽因等20世纪20年代末成名的第二代。还有一批更年轻的新秀正在跃跃欲试，写诗歌和散文的有何其芳、卞之琳、李广田等，写小说的有萧乾、吴组缃，写戏剧的有曹禺、李健吾等，写批评的有常风、李长之……他们的活动多带自娱性，主要场所是沙龙和报纸副刊。当时梁思成、林徽因的沙龙，朱自清、朱光潜搞的读诗会，沈从文和萧乾先后编的《大公报·文艺副刊》，都是名噪一时的京派阵地。

20世纪30年代的文学黄金时代正在北方逐渐形成。但促成这种局面的恰恰是南方的两位作家：郑振铎和巴金。郑振铎和靳以等人筹办了大型文学刊物《文学季刊》。巴金虽然没有直接加入这个圈子，但是在思想感情和文艺观点上，都与郑、靳二人甚为接近。《文学季刊》有一件非常值得一提的事情就是发表曹禺的《雷雨》。曹禺写了剧本交给他的同学靳以，靳以又把稿子给郑振铎看了，郑觉得剧本写得乱糟糟的，就放下了。靳以放在抽屉中很久，后来给巴金看，巴金看后特别激动，就推荐给《文学季刊》发表。一个天才的剧作家就这样横空出世了。

1934年的文坛空气是沉闷的，国民党政府的文禁日益严重。就在这一年1月，巴金的中篇小说《新生》以“鼓吹阶级斗争”被查禁。2月，《萌芽》又遭受了相同的命运，《电》在送审的时候也被禁止发表，后来不得不改头换面，以《龙眼花开的时候》为名发表在《文学季刊》上。还有一篇《新年试笔》，因为署了“比金”的笔名才躲过审查官的眼睛。这种政治压力促使巴金在北平有“住厌了”的感觉，他决心动身奔赴日本。

1934年9月，巴金与沈从文夫妇摄于北平府右街达子营沈寓

五

日本之行

巴金本人对自己去日本的原因说得倒是很简单：去学习日文。他化名“黎德瑞”，于1934年11月3日离开上海去日本，11月7日抵达横滨，在日本朋友武田家住到次年2月。他本来说是学习日文，但他却写了1组随笔和3篇小说。其中《神》《鬼》两篇都是以武田为原型。尤其是《神》，写了一个知识分子从无神论转向有神论的痛苦。写完以后，尽管主人一

1935年1月，与日本朋友一家摄于日本横滨。后排左一为巴金

再挽留，但是巴金还是坚决离开那平静的生活，搬到东京去。巴金在东京住在中华青年会的宿舍里，这里都是留学生，生活马上热闹起来了。杜宣等留日学生在楼下大礼堂排演曹禺的《雷雨》，巴金对此很感兴趣。附近有很多外文书店，巴金常去转转。诗人梁宗岱、女作家沉樱，还有卞之琳等都在日本，他们联系上了。日子一天天过去，如果不发生伪“满洲国”皇帝溥仪访日前日本警察署实行“政治大扫除”的事，他们在东京的生活会过得很满意。

1935年4月6日，巴金被日本神田区警察署拘留14小时这并没有给巴金以后待在日本制造什么麻烦，巴金也没有受到什么肉体的折磨，但精神上的刺激是有的。巴金虽然很早就参加社会活动，知道该怎样对付这些警察，但这样面对面的审讯还是第一次，与犯人关在一起也是第一次，这不能不使他愤怒。过去一向避开不谈的爱国主义与民族主义，这时候也在他的心田里滋生。他开始坐下来翻译屠格涅夫的《俄罗斯语言》。在疑惑不安的日子里，在痛苦地担心祖国命运的日子里，只有屠格涅夫是巴金惟一的依靠和支持。这位伟大的俄罗斯作家一生大部分光阴都是在西欧度过的，他在这篇散文诗中对祖国语言表达了由衷的赞美。向来对中国的文化传统没有什么好感，一心推广世界语，梦想追求人类大同理想的巴金，在这个时候对这句赞美诗充满了感情。他后来说：“我坐下来翻译屠格涅夫的散文诗，又借用它来鼓励自己、安慰自己，我想到了我们的语言，我的勇气恢复了，信心加强了……”巴金由无政府主义者到爱国主义、民族主义者的过渡与变化正是在东京时期发生的。从这时候起，在相当长的时间里，巴金总是兼无政府主义者与民

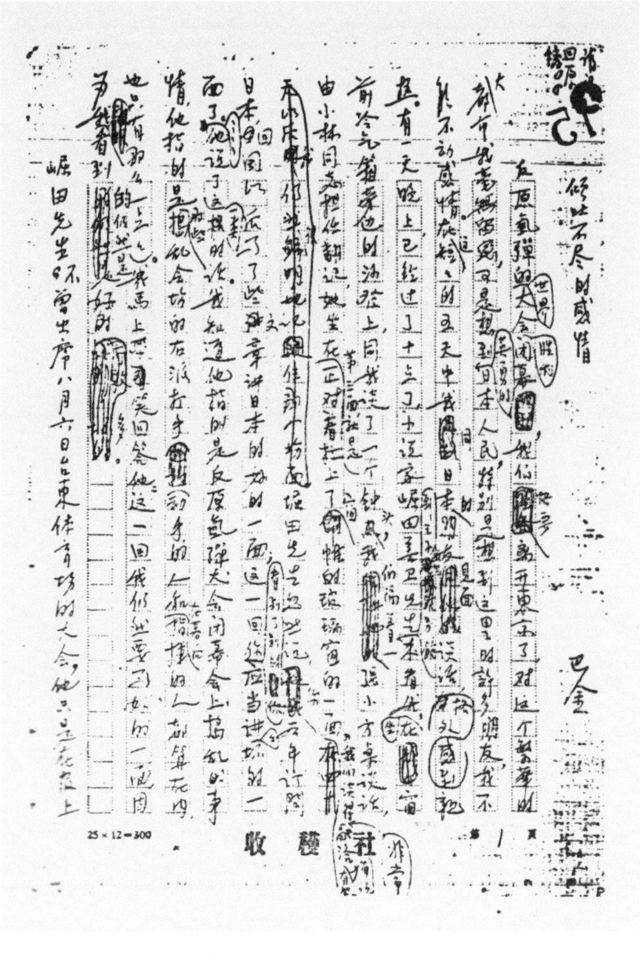
倾吐不尽的感情
巴金

20世纪60年代，巴金几次出访日本，结识了很多朋友，并写下不少文章。此为巴金的散文《倾吐不尽的感情》手稿之一页

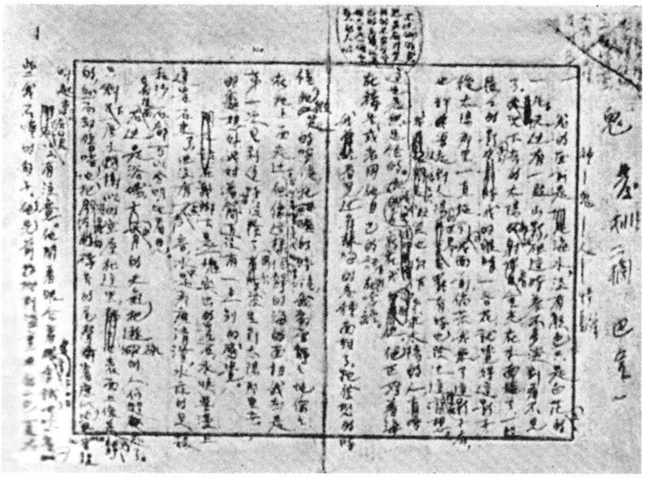

《神·鬼·人》手稿之一页

族主义者的双重身份。巴金的日本之行总共9个月，但在巴金人格发展的道路上仍然产生了重要影响。经过几年的人格分裂和自我冲突，经过日本时期的调节修养，他终于从自我设置的困境中摆脱出来，人格由呼啸翻腾的汹涌波浪转向了平静深沉的港湾。以后的岁月并非微波不兴，但在情绪与理智上，巴金走向了人格的成熟。

第五章

寻找一个失去的梦

（1935—1949）

一

文学的新生代

1935年8月上旬，巴金从日本回到上海，投入了吴朗西、伍禅等几个朋友办起的文化生活出版社的工作。巴金在文坛上苦斗了五六年，总算有了自己的阵地——文化生活出版社。这家出版社在中国现代出版史上值得认真研究。它不仅对二十世纪三四十年代的中国新文学做出贡献，而且在经营方式上也表现出独特的价值取向——用一种理想主义的热情来维持作者、读者与出版家之间的联系。出版社的创办人吴朗西介绍："文生社从1935年到1954年公私合营近二十年，从未发过股息红利，文生社的股东都不过挂名而已。他们对文生社尽了义务，却没有得到任何报酬……在1954年公私合营中，朱洗、巴金、丽尼、柳静和我，及其他大部分股东都没有领取定息。"在1935年出版界不景气的情况下，有几个书生靠义务劳动白手办起了一个出版社，不是以营利赚钱为目的，而是为了实践一种人生的理想。在文生社的最初两年中，始终有一种人格的光辉笼罩着这个小小的文化事业。这人生理想是什么？吴朗西有一次说："那时，我们都信安那其。"是的，他们那种只讲奉献、不计报酬的人格原则，正是正义、互助、自我牺牲三大信条在几个普通人身上的具体体现。

文化生活出版社出版的鲁迅晚年著、译、编的《故事新编》《俄罗斯的童话》《死魂灵》《死魂灵一百图》等书影

在文生社，吴朗西主持经济的筹划与调动，巴金担任总编辑，主持出版业务。巴金无法适应教育工作，3次南下总是停留在"南国的梦"里，依然徘徊于事业与写作的冲突之中。现在

好了，出版、编辑，都是他驾轻就熟的老本行，这些又与他所从事的写作联系在一起。他在这冲突的两端之间找到了一条适合自己行走的道路。在这条路上，他的人格因分裂而生的痛苦渐渐地平息下去，恢复了统一浑圆的境界。生活道路也开始走向平静、稳健与深沉。

文化生活出版社创办于1935年5月。创办者最初想模仿日本岩波文库出一套综合性的丛书。当时，吴朗西在编《美术生活》《漫画生活》，就顺口用了“文化生活”作为丛书的名称。吴朗西回忆说：“这期间我写信给在日本的老友巴金，把我们要办书店，出版一套《文化生活丛刊》的计划告诉他，问他索稿，并十分盼望他回国来主持编辑工作，他同意了，我们可高兴啦。巴金当时已是拥有广大读者的有名作家，他有搞编辑工作的经验，他做事认真负责，由他来挑这个重担，我对我们的事业前途是更加有信心了。”

9月21日，上海《申报》上以半版篇幅登载了文生社《文化生活丛刊》的广告，其中一

文化生活出版社创办人吴朗西（1904–1992）

晚年的巴金摄于鲁迅墓前

段是这样写的：“在我们这里，学问依旧是特权阶级的专利品，无论是科学、艺术、哲学，只有少数人可以窥见的门径，一般书贾所着重的自然只是他们个人的营利，而公立图书馆也以搜集古董自豪，却不肯替贫寒青年作丝毫的打算。多数青年的需要就这样被人忽略了。然而求知的欲望却是无法消灭的。”坚持平民色彩成为文化生活出版社的一个出发点。《文化生活丛刊》出书近50种，一些与无政府主义相关，更多的是托尔斯泰、屠格涅夫、高尔基等俄国作家的作品。

接着，巴金就着手编辑《文学丛刊》。这是现代文学史上相当重要的大型丛书，从1935年到1949年共出了10集，160部作品，包括从鲁迅、茅盾到沈从文、曹禺乃至汪曾祺等老中青三代文人的作品。这套书中新人占了很大的比例，许多文学新人因这套书而被大家注意，从而走上了文坛。在编辑方针上，它也打破了以往文学研究会丛书、创造社丛书等以社团和宗派为标准的出版原则，使中国新文学出现真正恢宏、博大的气象。巴金显然在文生社中找到了自己的事业，他得心应手地编辑丛书，把一大批作家团结在文生社的周围。同时，文生社又本能地团结在鲁迅的周围。鲁迅晚年的著作和译作几乎都是文生社出版的：小说有《故事新编》，杂文集有《夜记》，译作有《死魂灵》《俄罗斯的童话》，艺术画册有《诃勒惠支版画选集》《死魂灵百图》。鲁迅对文生社的工作显然是满意的。日本学者增田涉在《鲁迅印象记》里说过一件事，他问鲁迅为什么要和信仰无政府主义的人一道工作，鲁迅用信任的口气回答说，巴金做事比别人更认真。认真是鲁迅最喜欢的工作作风。鲁迅的话虽然具体指向是巴金，但这也是文生社的作风。巴金与鲁迅的接触并不多，但鲁迅在晚年《答徐懋庸并关于抗日统一战线问题》的长文中对巴金有过高度的评价。鲁迅在文章底稿上特意加上这样一段话：“巴金是一个有热情的有进步思想的作家，在屈指可数的好作家之列的作家……”这是对巴金极高的评价。鲁迅的信刚写完就交给孟十还编的《作家》去发。孟十还拿到稿件后先告知了巴金。巴金赶到印刷所，看到了原稿上鲁迅亲笔加上的对他的评语，感激之情油然而生。鲁迅在重病之下为他仗义执言的侠骨风度，不能不使他感动。

1936年10月19日，鲁迅去世，文生社同人与其他伙伴一起，怀着无限悲恸之情举行了先生的治丧活动。巴金自始至终都参加了这次活动。

二

萧珊

从1935年回国到1937年全面抗战爆发，是巴金难得的平静日子，他甚至恢复了写长篇小说的习惯。在靳以编的《文季月刊》上发表了《激流》三部曲的第二部《春》，他继续写高觉新的故事，写他与表妹蕙若即若离的爱情，写了蕙被迫出嫁和凄凉的死，也写了另一个少女

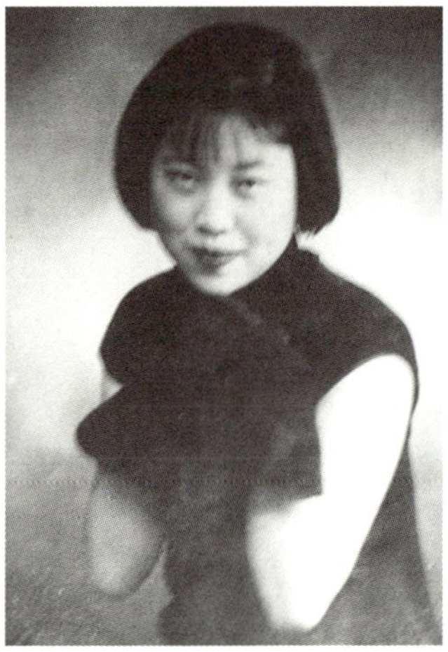

青年时代的陈蕴珍（萧珊）

淑英反抗父命、离家出走的故事。《春》写到第十章的时候，《文季月刊》被停刊，小说写作的进度慢了下来。直到全面抗战开始，巴金才在租界里花了十几天的工夫一口气把它完成。巴金的小说一向拥有读者，他那支带有煽动性的笔吸引了大批年轻人，每天都能收到各种各样的信，向他诉说各种遭遇，提出各种问题，甚至还发生过在困顿中求他去救援的事情。1936年，巴金有意从大量的读者来信中选出一部分，陆续地发表公开回信，不但介绍自己，也向他们表达自己的社会观和人生观。这些信后来收入了一本叫作《短简》的散文集中。

收在《短简》里的书信，据巴金说，有一封是给他后来的夫人陈蕴珍（萧珊）的，所以这本书包含着巴金心灵走向平静的另一个秘密。1936年在他生活中出现了第一个，也是唯一的女性——萧珊。那时巴金32岁，萧珊比他小13岁。巴金在晚年所写的《怀念萧珊》中说："我认识她的时候，她还不到20岁，我应当对她的成长负很大的责任。她读了我的小说，给我写信，后来见到了我，对我产生了感情。她在中学念书，看见我以前，因为参加学生运动被学校开除，回到家乡住了一个短时期，又出来进另一所学校。"这"另一所学校"就是爱国女中。萧珊是学校里的活跃分子，陶肃琼是爱国女中的学生会主席。她们一起去邀请巴金和靳以到

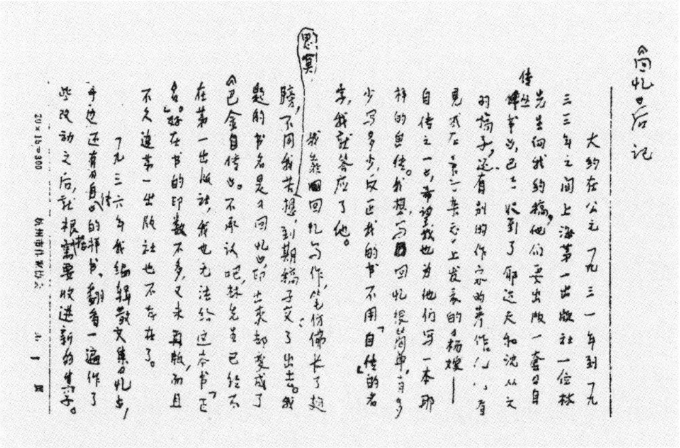

《回忆》1990年台湾版《后记》之一页

此书原名《忆》，文化生活出版社1936年7月初版

1954年清明，萧珊摄于虹桥公墓

学校演讲。向来不善辞令，更不善于做报告的巴金居然同意了萧珊的邀请，据说还拖了能说会道的李健吾同去。有人在回忆中记得巴金上台第一句就说“我是四川人”这样一句毫不相干的话，接着就窘得不知该讲什么了。这就是巴金与萧珊之间最初的恋曲。

巴金早年是一个理想主义者。尽管他在行动上从未脱离一般知识分子的行为，但心底深处总有一种更高的理想召唤他随时随地去准备献身。就像《门槛》中的姑娘那样。也许是在童年时代家族婚姻生活的丑恶给他留下了太深的印象，也可能是他看到了一些朋友因为结了婚就放弃浪漫的理想主义，被平庸的生活俘虏，所以在他事业和写作最辉煌的时刻，他曾和另外两个朋友被戏称为“反对恋爱的三人团”。但是在1936年，萧珊那双美丽的眼睛征服了他的心。巴金在第二年开始写抗战三部曲《火》，他在第一部里引用了萧珊参加伤兵救护工作的经历，小说里的冯文淑就是以萧珊为原型来写的。我们看到巴金对主人公最传神的描写就是关于她的眼睛——“她那两颗圆圆的漆黑的眼珠顽皮地在刘波的清癯的脸庞上滚来滚去……”“她把眼睛睁得很圆，两颗漆黑的眼珠就像要滚出来似的……”这双美丽的眼睛，巴金到老都没有忘怀。

三

聚散两依依

1938年，巴金摄于桂林

1938年春天，巴金在租界刚写完《春》，就离开上海去广州，准备在那里筹办文化生活出版社的分社，并复刊战时创办的周刊《烽火》。7月份，萧珊中学毕业，巴金赶回上海一次，陪萧珊一起来广州。他们是7月16日搭乘太古轮南下的，3天后到汕头，然后绕道香港回到广州，两人开始了一段生生死死的苦难历程。巴金从上船起就给上海留守文生社工作的陆蠡写信，以通信的形式，详细叙述了离开上海后的生活见闻，如《香港行》《在广州》《广州在轰炸中》《广州的最后一晚》等，一直写到10月20日他们在广州失陷的前一个晚上仓皇逃出。

萧珊一直与巴金在一起，他们的行踪难以确定。田一文曾在武汉见到过巴金，他记得巴金曾对他说："我们谈理想，是要努力把理想变成现实；我们要为理想脚踏实地地做些事情。"巴金在这一时期里一直在实践着这样的理想。他又恢复了写政论的习惯，写了后来编在《感想》这本杂文集里的一组政论，探讨无政府主义者在全面抗战中应采取的态度。同时，他还陆续翻译或编写了五六种《西班牙问题》小丛书和几种反映西班牙内战的画册，以此来激励全国人民的抗战，并向全国人民指出一条应该如何抗战的路。

11月8日，巴金和萧珊抵达桂林。巴金在桂林住了3个月，遇到了缪崇群、丽尼、丰子恺、王鲁彦等朋友，还在中华全国文艺界抗敌协会桂林分会上被选为理事。巴金初到桂林时，敌机轰炸不猛烈，日子过得还算从容舒服。风景如画的桂林山水，曾给他与萧珊的逃难生活增添了趣味，他甚至把躲警报叫作被强迫去“游山”。巴金在短暂的平静时期中，迅速复刊了《文丛》杂志，并为筹办文生社的桂林办事处打下了基础。他在《文丛》的卷头语中说：“这刊物虽然对抗敌的伟业并无什么贡献，但是它也可以作为对敌人暴力的一个答复：‘我们的文化是任何暴力所不能摧毁的。’”中国知识分子真是不容易，他们就像巨石下的剑麻，只要有一丝空间、一瞬时间，他们就会立刻为文化事业做些贡献。从四面八方逃亡到这里的文人们刚刚站住脚，立刻又办起了各种各样的文艺刊物。

田一文与巴金于1938年10月在桂林见面了，他回忆了这时期巴金和萧珊的生活：“在桂林《宇宙风》社，我见到了年轻的萧珊。”巴金向我介绍，萧珊是他的女友，也是他作品的一个读者。她说一口带宁波音的普通话，穿着朴素，不趋时髦，一件长夹旗袍，外罩一件红毛线衣。巴金当时在编辑《文丛》创刊号，忙着发稿、校对、跑印刷所，她也帮着处理一些杂事。可见巴金在桂林时，萧珊一直伴随在他的身边，并已经介入了他的文学生活。编《文丛》之余，巴金在桂林还继续写通讯式散文，叙述从广州逃出到桂林一路的受难经历。这些文章连同在广州写的那一组通讯编成一个集子，取名为《旅途通讯》，分上下册，由上海文化生活出版社出版。尽管这些文章里没有写到萧珊，但巴金心里明白，他所记录的正是他与萧珊共

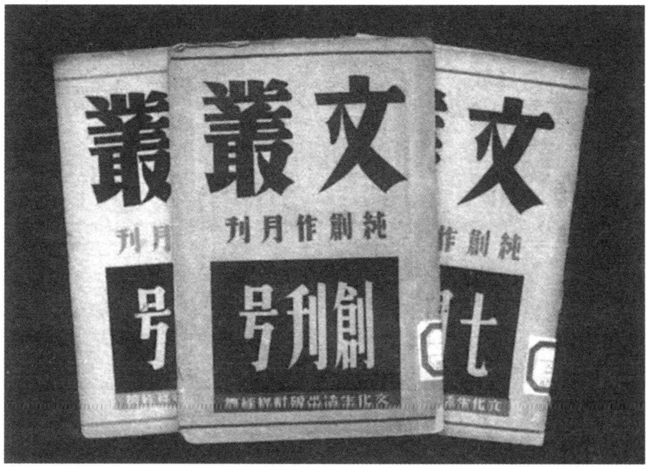

巴金和靳以合编的《文丛》杂志。在抗战中巴金曾带着它的纸型奔波于炮火之中

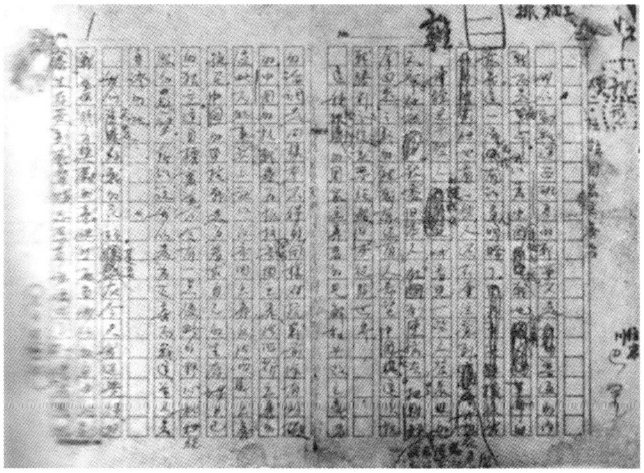

巴金在《国家主义者》中申明了他对抗战的态度。图为该文手稿

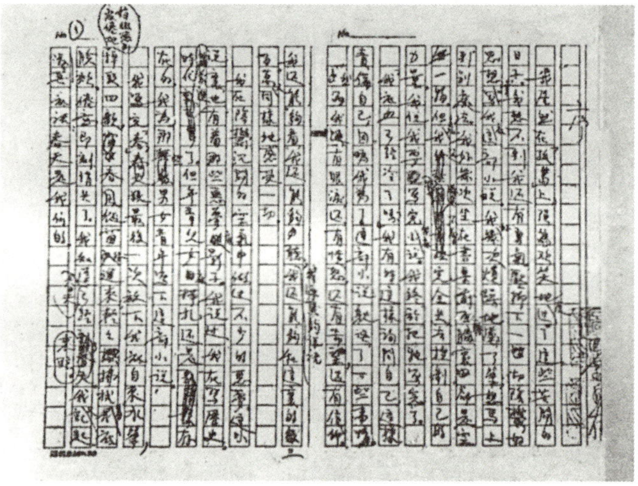

《春》部分版本书影及手稿之一页

上海开明书店1938年3月初版

《西班牙的血》中的一幅图画，名为《法西斯蒂的上帝》，加斯特劳绘。巴金为其题词曰：“这就是法西斯蒂的上帝。他永远撒布着扰乱的种子，他用火、用剑、用炸弹、用大炮，要毁灭一切和平的城市，在废墟上建立起他的宝座来。”

同度过的一段宝贵的经历。许多年以后他才说：“这本小书忠实地记录了当时的一些社会情况，也保留了我爱情生活中的一段经历，没有虚假，没有修饰，也没有诗意，那个时期我们就是那样生活，那样旅行。”

巴金在广州躲避轰炸的时候，常想到几件未了的事情，其中之一就是写《秋》。所以他与萧珊在1939年春天经金华、温州回到上海。1939年的“孤岛”——上海租界暂时处在安定的状态之下。巴金回到上海，依然住在霞飞路霞飞坊。在那里，巴金编辑了《文学丛刊》的第六、第七辑，另外一个计划就是重新编辑出版《克鲁泡特金全集》。这是中国无政府主义者向往已久的宏愿，早在二十世纪二三十年代

《火》部分版本书影

第一部，重庆开明书店1940年12月初版；第二部，上海开明书店1941年1月初版；第三部，上海开明书店1945年7月初版

他们就计划出版，但都不了了之。这次巴金想分两辑，共出20本，一辑为杰作集，一辑为论文集。但这么庞大的计划在那个动乱的年代显然是不可能完成的，这次也没有成功。

1939年7月，萧珊到西南联大念书，巴金则在上海开始动笔写《秋》。这时，他的三哥来到了上海，兄弟俩又恢复了15年前在南京求学的生活："一个星期里我们总要一起去三四次电影院，也从不放过工部局乐队星期日的演奏会，我们也喜欢同逛旧书店。"在其乐融融的气氛中，尧林开始翻译冈察洛夫的《悬崖》，巴金则开始写《秋》。尧林成了《秋》的第一读者，巴金每写成一章，总是先拿给他看，交换意见。也许正是在这样一种兄弟友爱的感情作用下，巴金改变了原有的构思。他本来打算写觉民因参加进步活动被捕，觉新服毒自杀，但现在他决定改变这个结局，给作品添上一点温情。

《秋》是巴金写得最长的一部小说，他一气呵成，写了40多万字。从1939年10月开始写起，到第二年的5月停笔，共达7个月。这段时间，他深居简出："当时我在上海的隐居生活很有规律，白天读书或者从事翻译工作，晚上九点后开始写《秋》，写到深夜两点，有时甚至到三四点，然后上床睡觉……我一共写了八百多页稿纸，每次写完一百多页，结束了若干章，就送到开明书店，由那里发给印刷所排印……我五月初写完全书，七月中就带着《秋》的精装本坐船去海防转赴昆明了。"在这部长篇里，高家终因不肖子弟的堕落而瓦解，高家大院卖给了他人，但书中一个年轻人充满信心地说："秋天过了，春天就会来的。"

在南下的海轮里，巴金说，他一直念着海涅的爱国名诗：Das Vaterland Wird Nie Verderben（祖国永不会灭亡）。

四

烽火中的婚礼

巴金在1940年到昆明去看望在西南联大外文系读书的萧珊，他在那里住了将近3个月，写完了《火》的第一部。最初的时候，昆明还没有挨敌机轰炸。这是全面抗战以来巴金遇到的难得的清净日子，他甚至感到有些寂寞。因

萧珊与小林、小棠及侄女国煣，1960年代初摄于武康路寓所花园

为在昆明熟人不多，也没有什么人去找他，只有萧珊陪着他。她每天白天来，与巴金一起出去“游山玩水”，有时还约一两位朋友同行。傍晚，巴金将萧珊送回宿舍。一早一晚，他就在栈房里写小说。因为有萧珊在旁边，他的写作进度并不快。这部《火》从广州写到桂林，又带回上海，到昆明才写完。用巴金的话说，这是一部宣传抗日的书。这时期巴金的心情是平静的，即使后来日军占领越南，开始轰炸昆明了，也不能影响他们之间充满诗意的温馨生活。

10月底，巴金告别萧珊回到重庆，这是他1923年离开家以后的第一次返川。尽管只有17年的时间，对巴金来说，这17年里，他的精神道路上发生了巨大的变化，一种沧桑感油然而生。1941年初，他回到成都过春节，又一次听到了久违的乡音，看到了童年时代的风俗。他住了50多天，知道了不少老家的故事，也引起了他不小的感触。他这样记载着重新走在正通顺街上的心情：

> 傍晚，我靠着逐渐黯淡的最后的阳光的指引，走过十八年前的故居。……还是那样宽的街，宽的房屋。巍峨的门墙代替了太平缸和石狮子，那一对常常做我们坐骑的背脊光滑的雄狮也不知逃进了哪座荒山。

然而大门开着，照壁上“长宜子孙”四个字却是原样地嵌在那里，似乎连颜色也不曾被风雨剥蚀。我望着那同样的照壁，我被一种奇异的感情抓住了，我仿佛要在这里看出过去的十八个年头，不，我仿佛要在这里寻找十八年以前的遥远的旧梦……

巴金一定想起了五叔的沦落。《秋》写完了以后，他以为高家的故事也该结束了。现在看到“长宜子孙”这几个大字，他觉得还有很多话要说。这时他脑子里出现了关于《冬》的最初构思。秋以后不是春，而是严冬。这个构思让人多少能领略巴金18年后重返老家的心境。这部小说到3年后才完成，正式出版时定名为《憩园》。

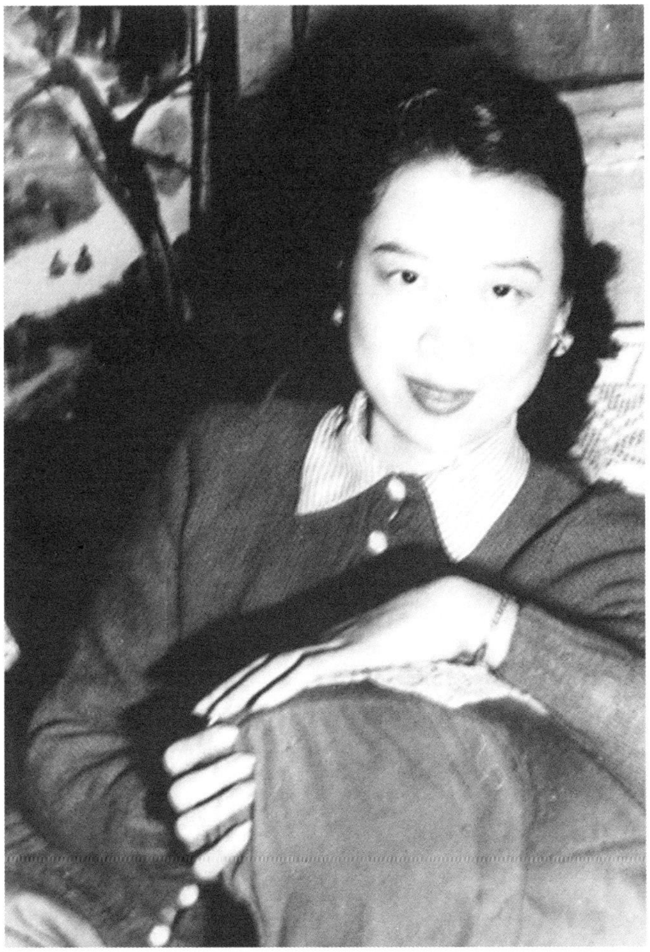
巴金夫人萧珊摄于抗战结束后

回到重庆的日子里，巴金住在互生书店里，写他的《火》的第二部。巴金在重庆的另外一件工作就是筹办文化生活出版社的重庆办事处，请靳以主编了《烽火文丛》。巴金主编的《现代长篇小说丛刊》和《译文丛刊》也相继出版，后者一直到1949年，共出了50多种世界第一流的作家作品，特别是屠格涅夫的六大长篇。早在战前，巴金、陆蠡和丽尼就约好分工翻译，每人分译两种。直到这连天的烽火之下，他们才陆续完成前约，一一印了出来。

又是暑假来临，巴金离开轰炸中的重庆，再次去昆明与萧珊见面。这一次，巴金在昆明住了大约两个月。萧珊已经搬出联大宿舍，和同学在金鸡巷租了一排房子。巴金曾回忆第二次去昆明的情景：

我去的时候，萧珊的一个女同学和两个男同学刚去路南县石林参观，她留下来等我，打算邀我同去，谁知我一到昆明，就发烧，头昏，无力，不得不躺下来一连睡了几天。甚至有两天放警报，我都跑不动，只有萧珊留在我身边陪我。

这段日子巴金过得非常安静。两个月里，昆明不停地下雨。淅淅沥沥的雨声使巴金对生活略感到一点寂寞。他开始回忆往事，记叙梦幻，写下一组充满诗意的散文，编成散文集《龙虎狗》。

巴金8月5日写完《龙虎狗》，还在昆明待了一个月，其间遇到一次轰炸。后与萧珊一起去桂林，着手筹办文化生活出版社的桂林办事处。这个办事处在全面抗战期间发挥了重要作用，上海文生社把书稿印成书后，陆续通过金华运到桂林，也有在上海排版后将纸型运到桂林，然后沪、桂两地一起出书。这些繁重的工作主要由巴金负责。日军进入租界后，上海的文生社一度想转移到金华办分社，结果未能成功。再接着是日本宪兵抄查文生社，陆蠡被捕，牺牲在日本人的监狱之中。上海文生社处于停业状态，以后主要由桂林分社出书。

从1941年到1944年，巴金的足迹留在成都、

1940年9月，巴金与张晓天、沈从文、张兆和、王树藏、萧珊等人摄于昆明西山

桂林等地。除了写作，他把主要精力都放在了文生社的编辑工作上。查阅该社的出书目录可以看出，1942年开始，《译文丛刊》出书数目倍增。这显然与巴金的努力工作分不开。同时，巴金自己也一口气翻译出屠格涅夫的两大长篇——《父与子》和《处女地》。

1944年5月8日，巴金与萧珊在贵阳花溪小憩结婚，他们的结婚形式朴素得惊人：

我还记得一九四四年五六月我在贵阳的生活情况。我和萧珊五月上旬从桂林出发，五月八日在贵阳郊外的“花溪小憩”结婚。我们没有举行任何仪式，也不曾办过一桌酒席，只是在离开桂林前委托我的兄弟印发一份“旅行结婚”的通知。在贵阳我们寂寞，但很安静，没有人来打扰我们。“小憩”是对外营业的宾馆，这是修建在一个大公园里面的一座花园洋房，没有楼，房间也不多，那几天看不见什么客人。这里没有食堂，连吃早点也得走半个小时到镇上的饭馆里去。

我们结婚那天的晚上，在镇上小饭馆里要了一份清炖鸡和两样小菜，我们两个在暗淡的灯光下从容地夹菜、碰杯，吃完

巴金与夫人萧珊摄于武交路寓所

巴金与妻子萧珊

花溪小憩还能寻到当年新婚夫妇的身影吗？图为贵阳花溪公园中巴金结婚之旅店旧址，但楼已改建，面目全非，两位寻访者为黄裳和李辉（右）

晚饭，散着步回到宾馆。宾馆里，我们在一盏清油灯的微光下谈着过去的事情和未来的日子。我们当时的打算是这样：萧珊去四川旅行，我回桂林继续写作，并安排我们婚后的生活。我们谈着，谈着，感到宁静的幸福。四周没有一声人语，但是溪水流得很急，整夜都是水声，声音大而且单调。那个时候我对生活并没有什么要求。我只是感觉到自己有不少的精力和感情，需要把它们消耗。我准备写几部长篇或者中篇小说。

五

失去的梦

萧珊去了成都，巴金独自到贵阳中央医院做了两次小手术。这都不是大病，使他有机会静静地躺在三等病房里观察社会的众生相。这时候他已经开始创作《憩园》，把死在监狱里的五叔作为主人公，一页一页地展开大家族最后的破败历史。《憩园》里的人物和故事喷泉似的从他

1946年重庆各界欢庆抗战胜利的场面

的笔端喷出来。他只是写着，写着，越写越感觉痛快，仿佛在搬走压在头上的石块。但白天在大街上散步的时候，他又暂时丢开了憩园的新旧主人和那两个家庭，脑子里常常出现中央医院第三病室的情景，那些笑脸，那些痛苦的容颜，那些善良的心……这使得他构思出另一部小说《第四病室》。看来这时期巴金真是文思泉涌，他又恢复了在上海时期的创作状态：在创作一部小说的同时，心里又在构思另一部。婚后的巴金迎来了他一生中最后一个创作高峰期。

《憩园》还没有写完，他就离开贵阳去了重庆。在赴渝路上，巴金继续挥笔写小说，一

1946年10月巴金与小林摄于上海江湾

直写到重庆，才完成《憩园》。这部小说完全改变了巴金以往的文字风格。他不再把旧式家庭当作专制王国去抨击，他写杨梦痴的沦落，写寒儿对父亲真挚的爱，写大家庭家长只知用金钱去“长宜子孙”的不可靠，笔墨处处寄寓了悲天悯人的同情心，文字也变得精致婉约。

巴金和萧珊在重庆建立了自己的家庭。他们住在文化生活出版社门市部楼下七八平方米的小屋里，巴金以此为背景开始构思《寒夜》。当时，他的朋友王鲁彦已患肺病去世。这件悲伤的事刺激了他，他的笔下出现了一个被痰和血折磨得痛苦不堪的小人物。可是，他刚刚开了个头，因湘桂大撤退的消息传来，引起重庆的骚动，小说被耽搁下了。第二年他被一个更成熟的构思所吸引，就动笔写《第四病室》。待这本书完稿，已经是1945年7月，全面抗战即将结束。此时，无政府主义的信仰连同激情在巴金这个中年人身上开始消退。在《火》的第二部里，他最后阐明了一个无政府主义者的爱国立场以后，再也没有看到他涉及这个主题的文字了。从那个时候起，他的小说由探寻英雄主义完全转向体察芸芸众生，激情化为感情。在1941年年底，巴金曾发表一篇散文《寻梦》，诉说自己失去了一个梦。失去了一个能飞的梦却不怎么感到痛苦，这才是巴金人格的变化所在。他的人格特征由激情发展到平稳这一步，

巴金身旁是穿着格子旗袍、怀抱孩子的萧珊

理想主义的激情再也不会在他心里重新燃起火种。他不再作为一个无政府主义者在世界上特立独行，而是作为一个著名作家，被卷入各种社会性的事件和运动中去。在各类会议、活动、宣言中，都可以看到巴金的名字，他成了一位很忙的名人。

全面抗战的胜利似乎并没有带给巴金太多的喜悦。1945年对于巴金个人来说是一个“厄运”年份，他一次次经历了亲人和朋友的死亡：散文家缪崇群在这一年的1月默默离去，这位早年的友人在医院中据说要找水喝都得不到；9月16日，巴金写信给李健吾，证实了友人陆蠡的失踪；11月1日，巴金终于回到了他久违的上海，可是迎接他的却是三哥尧林病重的消息。仅仅一个多月后，三哥因病情恶化而亡，巴金亲自安排了三哥的丧事。他记录道：

> 从墓地回来，我非常疲倦。我已决定两天以后回重庆去。我坐在你住了五年的楼房里，回想着我这一个月来的上海生活。我来，我去，你病，你死，一切都是这么匆匆。

在三哥去世后的第三个星期，萧珊分娩了。巴金匆匆赶回重庆，迎接女儿出世，按李家宗族的规矩，下一辈人是“国”字辈，从“火”旁，故取名“国烦”。可见家事国事天下事，事事都烦他的心。国烦又名小林，为纪念刚刚去世的尧林叔叔。1945年就在这乱糟糟的气氛中结束了。在巴金的生活史上，这一年还有一件值得记下的事，就是庆祝文化生活出版社成立10周年。这是巴金在这10年中的心血结晶，也是他的事业和理想交织在一起的最后一块纪念碑。为了纪念社庆，他赶忙译出屠格涅夫的《散文诗》，作为献给文生社的礼物。万事都有始终，在文化生活出版社走向它的历史顶峰之际，巴金写作的最后一个高峰也将推向高潮。

1945年5月21日，他再次回到上海，萧珊和女儿也回来了。他们依旧住在霞飞坊59号。巴金住在上海时心情并不好，他写了一些散文。文中怀念故友，诅咒现实，编了两本薄薄的散文集。但他更多的时间是在写作最后一部长篇小说《寒夜》和翻译民粹党人妃格念尔的回忆

1946年，巴金摄于上海

录《狱中二十年》。《寒夜》写了全面抗战后期一个自由恋爱结合的知识分子家庭如何在绝望中破裂的故事。小说里展露了暗淡的场景：夫妻性关系的冷漠，婆媳之间无穷无尽的争吵，孩子对父母的陌生感。对这样一个自由恋爱而建立起来的新型家庭，作家似乎充满了厌倦。小说里除了女主人公，几乎没有一个人是有生气的，没有一个人可以象征生命力的再生。但汪文宣作为巴金笔下最后一位理想主义者的那

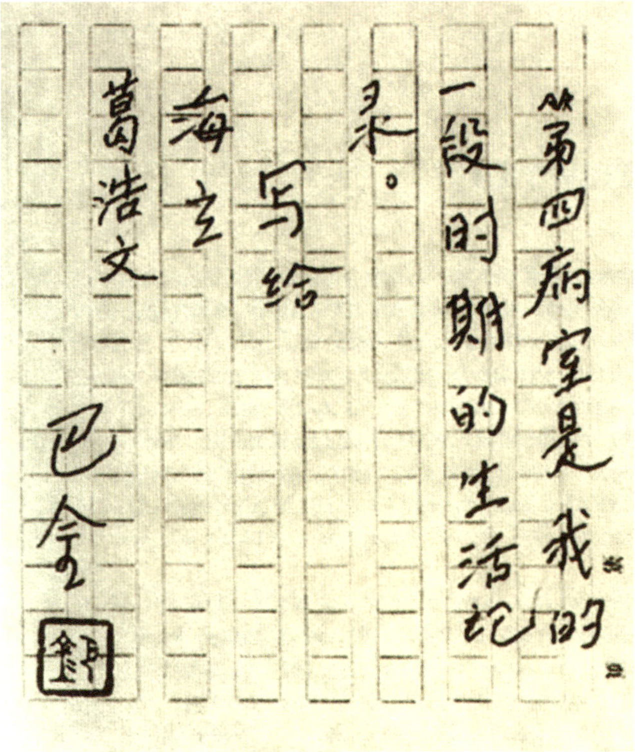
第四病室是我的一段时期的生活记录。
写给
海立
葛浩文
巴金

巴金为《第四病室》英译本题词手迹

《第四病室》各版本书影

上海良友复兴图书公司1946年1月初版

《寒夜》书影

上海晨光出版公司1947年3月初版

《憩园》晨光版书影

重庆文化生活出版社1944年10月初版

种令人心酸的善良和眷爱，以及汪母与儿媳之间那种微妙口角与反唇相讥，每一个场景都充满了感人的力量。根据巴金过去的创作特点，若没有对人与人之间的伦理关系的深刻体验，这种细致的想象力和洞察力都是不可思议的。但巴金毕竟是在想象中完成了这样一部将给以后的研究者带来无穷趣味的杰作。

善良的丈夫被病菌和贫困折磨得奄奄一息，肺部烂了，喉咙哑了，最后在万般痛苦中躺在母亲的怀抱里咽气。这时窗外响起了庆祝抗战胜利的鞭炮声。他健康、活泼的妻子因受不了婆母的猜疑和妒忌，也为了寻找一条更好的出路而暂时离家。待她回到旧居时，人去楼空，死的死了，走的走了。她独自踯躅在寒夜刺骨的街头……巴金在结尾时写道：“夜，的确太冷了。”

1949年，在上海，巴金在堆满书籍的案前专注工作

六 等待

从1947年到1949年，除了几本译作，巴金的作品极少，他的创作进入了一个沉默期。1947年底，上海《大公报》副刊《出版界》的编者以“我的下一本书将是什么？”为题，向一些作家征稿的时候，巴金的回答是：“也许是《灭亡》和《新生》的续编《黎明》，我想在这部小说里描写我的理想社会，或者把故事发生的时间放到2000年去。”然而面对着战火，面对着一天要冻死上百人的城市，面对着背着一麻袋钱去买米的生活境况，他如何写得出理想社会的模样？自《寒夜》以后，这个时期，他再也没有写过小说。他把相当多的时间和精力都花到文化生活出版社的出版事务中去了，但此时，出版社内部的人事纠纷也越闹越大，闹得朋友间都很不愉快。巴金的心情也落到了一个低点。

1948年底，战火就要逼近上海了，许多人在考虑走和不走的问题。据说巴金还曾劝过他的朋友毕修勺留下来，但等待他的命运是什么，恐怕他自己也难以预料。从巴金用英文写给国外友人的私人信件中，倒可以窥见到巴金此时的心境：

> 自从去年11月份起，这个城市已经处在战争的恐怖之下，我们生活在军事管制中（尽管不是严格意义上说的这个术语），这儿的人民不知道将有什么在等待他们：

萧珊与小林摄于1947年

巴金抱着儿子李小棠，身旁是妻子萧珊，女儿李小林亲昵地挨着家人而坐。自然质朴的景致，阳光洒落，把一家人的笑容衬得格外温暖

左起：李健吾、曹禺、陆申、郑振铎、靳以、巴金、唐弢，1949年第一次文代会期间摄于北平

巴金、萧珊与儿子小棠

1949年7月，第一次文化会期间，巴金摄于北平华文学校

战争，还是和平？形势如此严峻以致我不能写任何东西，至少现在是如此。

在另外一封书信中，他写道：

最近形势变得很坏，战争再次临近上海，但是我仍然忙于翻译和编辑工作。我不知道等待我们的将是什么，除了“等待和希望”，我们什么都不能做。

当战火烧到上海的时候，巴金正在翻译洛克尔的《六人》。关于这部文字优美的小书，巴金曾这样描述：

人生的目的和意义究竟是什么？

德国革命者洛克尔从世界文学名著中借用了六个人物和六个解答——六条路，来说明他的人生观，来阐明他的改造世界的理想。《六人》便是他对那个曾经苦恼着无数人的大问题的一个答案。

那么巴金找到了自己的路和自己的答案了吗？我们说不清楚。1949年5月27日，人民解放军进入了上海城。有人回忆说巴金是以兴奋的心情去迎接军队入城的。一个像梦魇一样可怕的时代结束了，新时代等待巴金的又是什么呢？

1948年与女儿小林摄于上海霞飞坊寓所

第六章

「我是来学习的」

（1949—1966）

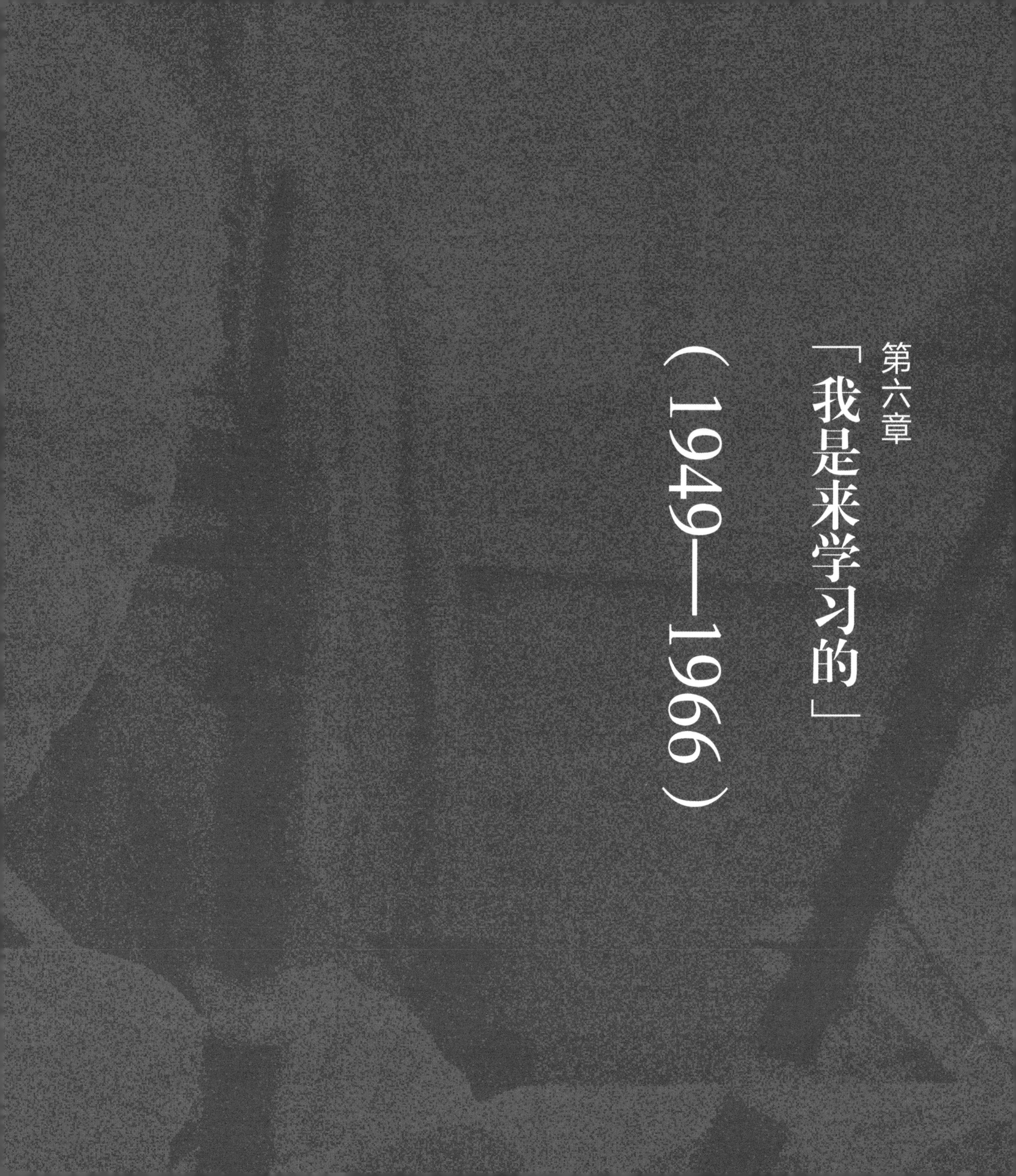

一

为和平与人道而奔走

跨入新时代，作为一个公众人物，巴金越来越忙。这种繁忙与过去最大的不同是，以往是他自己的选择，而现在是新政权和文艺界的领导的组织和安排，这让他兴奋、激动，但又紧张。巴金小心翼翼地与新的时代磨合，他以谦卑的姿态参加了一个又一个会议和社会活动。1949年7月，他参加了中华全国文学艺术工作者代表大会，并写了一篇题为《我是来学习的》的发言。在文章中，他热情地赞扬了新的人民文艺："我看见人怎样把艺术跟生活糅在一块儿，把文字和血汗调在一块儿，创造出一些美丽、健康而且有力量的作品，新中国的灵魂就从它们中间放射出光芒来。"紧接着，在9月21日，巴金又出席了中国人民政治协商会议第一

第一次文代会期间，巴金与周扬（右）合影

第一次文代会期间，巴金与胡风（中）、马思聪（左）合影

巴金（右二）在天安门城楼上，这在二十世纪五六十年代是无上光荣的政治待遇

散文集《新声集》《赞歌集》书影

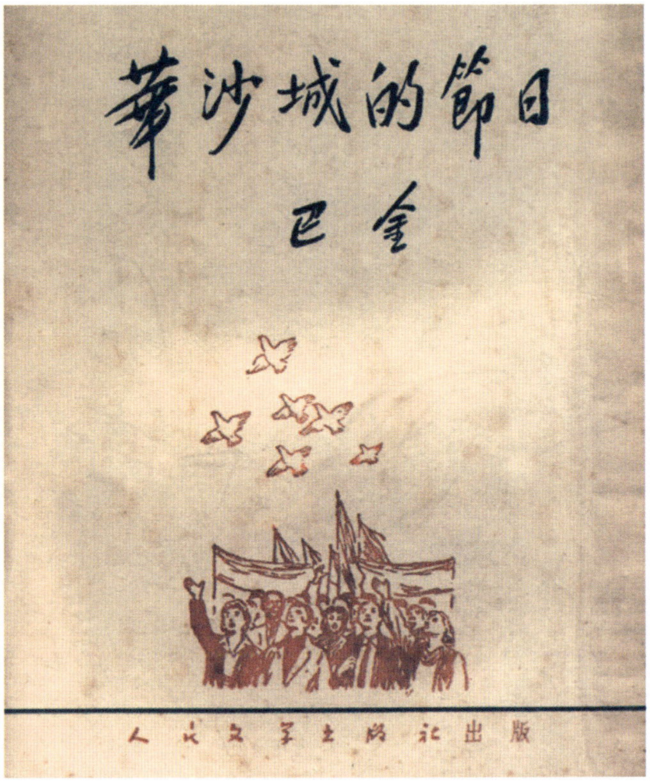

《华沙城的节日》书影

巴金、萧珊夫妇与女儿的合影

届全体会议，并当选为全国政协委员。他还参加了10月1日的开国大典。1950年6月，巴金再次去北京，出席第一届全国政协第二次会议。7月中旬，又匆匆赶回上海，参加上海市首届文学艺术工作者代表大会，并发表短文《“会”把我们更紧密地团结在一起》。10月30日，巴金作为出席第二届世界保卫和平大会的中国代表团成员到华沙开会。1951年7月，巴金参加北方老根据地访问团华东分团，到沂蒙山区和苏北访问……这样的活动很多，巴金正在学着适应这个新的时代。

这一时期，巴金的创作单从量上讲也不大，只有薄薄的几本海外见闻。其中一本是《纳粹杀人工厂——奥斯维辛》，收入了他在波兰收集的有关奥斯维辛集中营的图片和他为每幅图片写的说明词。他还写了一篇散文——《奥斯维辛集中营的故事》。在20世纪50年代初期，大量来自国统区的作家认同新时代，并愿意学习时代所需要的精神武器，在自我教育的基础上适应时代的要求。这样的作家在写歌颂性的作品时态度总是比较谨慎，很少将抒情主体扩大为“时代声音”，而是通过发扬主体的积极因素来寻找与时代的契合点。巴金的这篇散文正是这样一篇有代表性的作品。这篇散文虽然还是用平铺直叙的方式记录作家参观集中营的过程，虽然作家基本上是叙述集中营的历史资料而很少主观发挥，但它震撼人心的力量仍然十分强烈。这首先是材料的力量所决定的，在大量的纳粹迫害犹太民族的罪行面前，任何主观抒情都会变得虚伪与不适宜。重温这段历史悲剧的人，只能屏气息声，静静地沉入历史。作家用纯客观的叙事方式带领读者身临其境地参观集中营，从进入到结束，让历史事实在每

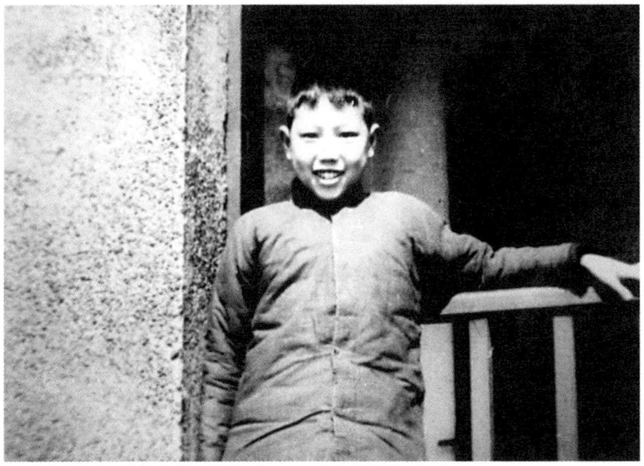

儿子李小棠

萧珊和孩子们在北戴河

个人的眼中和心中流淌。这正是这篇散文最恰当的表达形式。

巴金所信仰的无政府主义本身具有复杂的内涵，人道主义是其内容的重要构成之一。20世纪人类文明的伟大之处，不仅在于有能力制止残酷与野蛮，还表现为有能力揭露人类自身野蛮的兽性，以此警戒人类自身内部存在的文明危机。这是任何一个人道主义者所必须勇敢面对的问题。巴金的信仰里充满了人道主义的战斗勇气。在20世纪20年代反对美国政府迫害工人运动领袖萨珂与凡宰特的时候，在20世纪30年代反对法西斯军队侵犯西班牙的时候，巴金都积极地参与到这些世界性斗争中，尽了中国知识分子的国际人道主义的义务。所以，由他来写关于奥斯威辛集中营的罪恶是最恰当不过的，他的人道主义的痛苦也只有在这种场合才能与20世纪50年代初期中国政府反对帝国主

1960年8月，巴金与任幹在北戴河留影

义的立场有机地结合起来。散文的结尾写到作家将离开现场，他悲痛地写道：

> 我不能再想下去了。我是一个人，我有人的感情啊！我的神经受不了这许多。对着那遍地的白色骨粒，我能够说什么告别的话呢？于是作家依依不舍地站在那里不忍离去。

这样的抒情方式与心理描写，与当时高昂的时代战斗精神也不怎么相吻合。若出现在另外一种场合，很可能会被批评为“小资产阶级思想感情”的表现，但由于这样的国际性题材和反纳粹背景，也就被理所当然地接受了。

二

来自朝鲜战场的报道

1952年，巴金身着军装，摄于朝鲜战场

全国文联组织的“朝鲜战地访问团”有18名艺术家，团长是巴金，党小组的组长是葛洛，访问团成员有黄谷柳、宋之的、菡子、逯斐等人。1952年3月15日下午6点前，巴金一行到达安东（今丹东），住在高干招待所。次日下午2点，他们过江入朝。在这里，我们不妨以第三者的视角看一看入朝初期的巴金。当年一九三师的宣传科长王奂在《巴金在朝鲜前线》一文为我们留下了这样的几个镜头：巴金在晚会上致辞、深入模范通讯连采访、惜时如金的巴金早读俄语……从这些文字中不难看出，巴金身上还保留着浓厚的知识分子习性，比如在喧闹的舞会中，他躲开热闹的场面独自沉思，比如早晨起来读外语。这些在一切行动有组织、有纪律的集体中很可能被看作“不合群”，但巴金却十分珍惜属于自己的短暂一刻。他还是一个勤奋的、积极的采访者，拿小本子不停地记录，深恐做不好这份工作。

从1952年3月至10月，1953年8月至1954年1月，巴金曾两次入朝，要了解他的生活细节，可以查看收在《巴金全集》第二十五卷中的《赴朝日记》。现在我们要问的是，作为一个作家，他给我们留下了什么？中华人民共和国成立后，巴金的一切活动都是在“作家”这一身份下进行的，可是写作却成了他的副业，只是在送走了宾客、开完会、学习完文件之后争

巴金在战士们中间

而，考察他在朝鲜的生活，他并不是战场上普通的一员，而始终是那里的客人，是一个采访者，或者是以来自祖国的作家和首长的面目出现的。在别人的安排下，巴金看材料、听事迹介绍，他获取的信息基本上是被修饰过的，难以深入其内心深处。巴金说萧珊认为《三同志》的失败是因为没有情节，其实是缺乏必然的矛盾冲突，整个作品中，人物与自己、与周围都十分和谐，人人追求上进，争当先进，唯恐落

分夺秒地进行。巴金是勤奋的，在1949年以后，他写了大量作品：散文集《友谊集》《新声集》《赞歌集》《倾吐不尽的感情》《贤良桥畔》《炸不断的桥》等，小说有《英雄的故事》《明珠和玉姬》《李大海》《杨林同志》……如果没有《随想录》，巴金的魅力恐怕全部来自他前20年的创作。谈论巴金的作品，大家似乎都忘记了还有一部《三同志》，这部十多万字的中篇小说是巴金1949年以后最长的一部作品。但在1961年脱稿之后，只有他的妻子萧珊看过，从此以后就在箱子里锁了整整30年，直到1991年编印《巴金全集》时才第一次与读者见面。一部十多万字的作品成为“废品”没有发表，在巴金的创作生涯中是绝无仅有的。

巴金说，两次入朝对他的后半生有很大的影响，他在部队有朋友，有感情，有联系。然

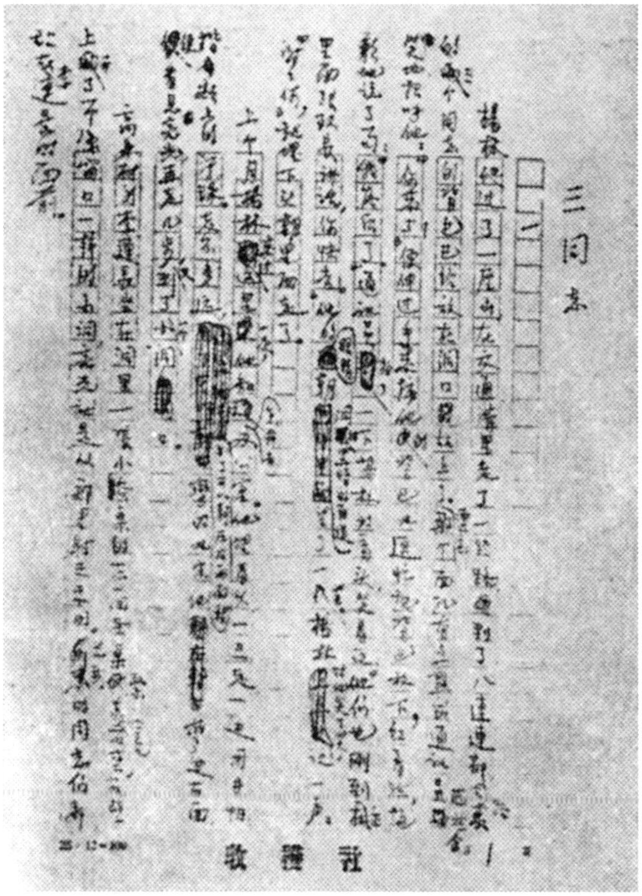
三同志

小说《三同志》手稿之一页

《英雄的故事》等关于朝鲜战争的作品书影

后；对于战友互爱互助；对祖国、对敌人爱憎分明。没有贯穿全书的情节，也没有解不开的矛盾，刚开头就仿佛在等待着后面的结局似的。这与巴金在战地只看到了生活的表面，无法把握人物的心理并创造出栩栩如生的形象，无法揭示生活中深层次的矛盾有关。但是，这是一个难以让人满意的答案，特别是看到巴金日记中的描述，再和他的作品对照起来，明显地感觉到巴金没有忠实于自己的眼睛，也没有忠实于自己的内心。他看到的不全是阳光明媚，还有更多实际生活中的矛盾。对生活的熟悉及不熟悉现在成了次要问题。巴金很聪明，并不是什么都按生活的原样来写。换言之，即便他了解到一些东西，也不能轻易说出来。

还有一个问题不可避免地要提出，巴金说两次入朝对他的后半生影响很大，那么我们要问：两次入朝到底给巴金带来了什么？这是他后半生的第一个转折点。周扬在一次会上把他与路翎对比起来，大加赞扬他。从此以后，他不再沉默，表态的文章越来越多了，尽管在内心，他也知道这并不是什么好文章。

这不，他开始批判起路翎了。1955年5月底，当所谓的“胡风反革命集团”一案席卷中国文坛的时候，巴金也不得不“紧跟”。他写下了万余言的《谈别有用心的〈洼地上的“战役”〉》。两次入朝的经历成了他“脱胎换骨”教育别人、批判别人的资本，出现在文章中尽是“在真实的朝鲜战场生活里”如何如何，用一些政治教条来证明路翎笔下哪些东西是虚假的。直到20世纪80年代，巴金在饱受政治迫害的创伤后，痛定思痛，才真诚地喊出了：“我还要向路翎同志道歉。”

三

法斯特事件与“拔白旗”

法斯特是美国著名作家，原是美国共产党党员，后来声明脱党。在《文艺报》1958年第8期上，有一个醒目的通栏大标题：《呸！叛徒法斯特》，批判了他的这种行为和相关的言论。《文艺报》刊出巴金、曹禺、袁水拍等人的文章。像众多的文章一样，巴金的那篇《法斯特的悲剧》也是在别人要求下写的，在文章最后巴金还劝法斯特“回头是岸”，“这是最后的机会了”。

按照惯例，文章发出来也就算完成任务了，接下来该投入到新的“战斗”中去了。谁知这一次却节外生枝：文章发出后，《文艺报》接连收到一些读者的来信，对巴金的观点提出了质疑。在这批读者来信中，河北读者邙栖霞认为巴金对法斯特的劝告是“多余的希冀”，“像法斯特这样的背叛人民的敌人还会忽然良心发现而重新回到人民的怀抱里来？会吗？”华中师范学院中文系学生谢介龙在《〈法斯特的悲剧〉一文错误》中对巴金说：“你又何必去替这样一个为工人阶级所唾弃的叛徒而惋惜呢！”“法斯特并不像您所想象的那么‘诚实’，一个为了自己个人目的，什么卑鄙下流的事都干得出来的人绝对不是一个诚实的人，法斯特也毫无例外。”他对巴金说：“我们真不相信您在政治上会是这样的单纯和天真！”北京师大卫生科化验员那铁林和护士孙建华在信中对文章提出了几个方

1958年，巴金等作家在作协上海分会大厅

创刊于1957年的《收获》杂志，由巴金和靳以主编，后来成为中国当代文学的重镇

《收获》全体工作人员与主编合影。后排左起：麦穗奇、何嘉灏、盛毓安、李筱、钟红明、邬锡康、肖元敏；前排左起：程永新、李小林、巴金、李国煣

面的质疑：法斯特的叛变是否值得惋惜？怎样看待法斯特的过去？法斯特为什么要叛变？

当然这些读者来信都是有关方面组织的。在当年的第十一期《文艺报》上，编者就选发了三封读者来信，还有巴金致编者的一封短信。

巴金、靳以（左）两位作家共同主编《收获》杂志

巴金在信中说“读者们的意见使我受到了一次教育”，“我只着眼在一个作家的堕落，却忽略了这是一个共产党员叛党的重大事件，所以读者们的批评是有理由的”。28年后，巴金是这样描述当时的心态：“我不甘心认错，但不表态又不行，害怕事情闹大下不了台，弄到身败名裂，甚至家破人亡，所以连忙‘下跪求饶’，只求平安无事。”

岂料“下跪求饶”也不能“平安无事”，“革命群众”还要“痛打落水狗”。6月11日，徐景贤在《文汇报》上发表《法斯特是万人唾弃的叛徒——和巴金再次商榷》又提起了它，并说：“现在巴金同志却在文章里抽象地谈论法斯特过去的‘诚实’，赞美他的作品，歌颂他的战斗史，而不从阶级观点去分析法斯特一贯以来在思想上、立场上的局限性，指明他的世界观的缺陷，其结果是会造成读者对法斯特的模糊认识的。”三天之后，《文汇报》上又发表了余定的《巴金同志捏造了一个错误的口号》，一年前的旧账又翻了出来。在1957年作协会议上，巴金在讲到上海人艺参加全国话剧会演的节目没有得到好评时，曾说：“对于剧本的艺术的估价应当交给群众去考验，不要由少数领导同志凭个人的好恶来决定。”（巴金《给〈文汇报〉编辑部的信》）由此巴金说了句“文艺应当

1958年，巴金在街头散发传单

交还给人民”。这就是那个所谓的“错误口号”。余定认为：“从那口号里我们便可以明了……巴金同志认为现在的文艺不为人民所有，而是为党所有的。”“所谓‘把文艺还给人民’……一句话，就是要求党不要来过问文艺，要求取消党对文艺的领导和监督。”显然这种清算还是有背景的，巴金吓得惊慌失措：“我这一次真是慌了手足，以为要对我怎样了，不假思索就拿起笔连忙写了一封给《文汇报》编辑部的信，承认自己的错误，再一次表示愿意接受改造……我并不承认‘回头是岸’的说法有什么不对，但是为了保全自己，我只好不说真话，我只好多说假话。昧着良心说谎，对我来说，已经不是可悲、可耻的事了。”

在这封信里，巴金否定了自己以前的独立思考：“解放以来我写过不少的文章，也说过不少错误的话。”“甚至在大鸣大放以前我也发表过一些错误的言论……（我）自以为是，一切都从个人的一点狭隘的见闻或经验出发，为了顾全面子甚至强不知以为知，这早已脱离了政治，丧失了立场。”但有几句话倒是巴金的心里话：“反对旧的，我自以为还懂得一点，在我过去的作品里，我多少也做过这一类的工作；建设新的，我就不知道应该怎么办了。”巴金在文章中大表决心：“我一直主张文艺为政治服务。所以我一直认为思想领导、政治领导是必需

1951年夏，巴金在苏北老区访问，与农民交谈（最后排左为巴金，右为黄裳）

巴金与小林合影

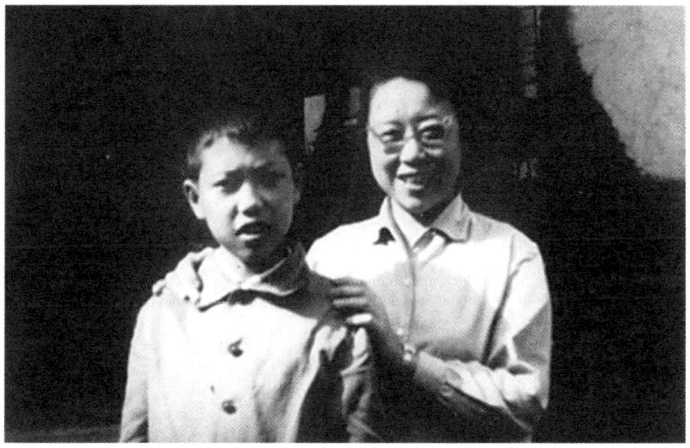
萧珊与小棠合影

的。”“我今后能不能做出一些好事，还要看自己改造得好不好。”“我耳边老是有一个声音说：‘加紧改造。’这是自己心里的话，我决心改造自己。”

那个热情酣畅的巴金不见了，取而代之的是毫无主见、胆小怕事的巴金。他害怕自己失去信任。经历过一场场大大小小运动的他明白，那样不但会搞得当事人面无人色，而且会弄得他身败名裂甚至家破人亡。他一向以为比自己更革命更进步的冯雪峰、胡风等人一夜之间便成为“专政”对象。这些不能不使他变得更加谨小慎微，促使他向唯唯诺诺、患得患失的“另一个巴金”转化。这是一曲沉痛的悲歌，巴金遭到了来自良知的严重谴责。多年后他说：“今天看来，我写法斯特的‘悲剧’，其实是在批判我自己。我的‘悲剧’是别人把我当作工具，我也甘心作工具。而法斯特呢，他是作家，如此而已。”

法斯特事件刚刚平息下来，所谓的“拔白旗”运动开始了。《文艺报》1958年第八期，这一期的头题是社论《插红旗，放百花》，这篇社论探讨的是“阵地”在谁手中的问题。社论说：“有些地方长期插的是资产阶级的白旗，工人阶级还没有占领这些阵地。有些地方插的是假红旗，太阳一照就现出了原形。”“必须插遍无产阶级的红旗，才能大放社会主义的香花”，因此要“拔白旗，插红旗”。“拔白旗”也成了当年刺向权威专家、学者的一把刀子。不久，这把刀子就砍向了巴金。10月1日出版的《中国青年》第十九期开设了“巴金作品讨论”专栏，编者说：“巴金同志的小说，曾在青年中流行很广。为了把共产主义的红旗插遍一切思想领域，我们从本期起，将陆续对巴金的主要著作，进行分析批判。”同月8日出版的《文学知识》第一期，在“大家来讨论巴金作品”标题下说：“巴金是五四以来我国的重要作家，他的作品在读者中有很大的影响，有些作品曾改编为戏剧、电影，观众也很多。因此，对巴金的作品，是应该很好重视和认真研究的。”同月12日出版的《读书》杂志也开设了专栏讨论巴金作品。以这三个杂志为主体，还有几家报纸相配合，轰轰烈烈的巴金作品讨论开始了。北京师范大学中文系和武汉大学中文系还成立了巴金作品研究小组，并出版了《巴金创作评论》（人民文学出版社）和《巴金创作试论》（湖北人民出版社）两本评论集。这次讨论是借“讨论”之名，行批判之实。当时在上海活跃非凡的大文痞姚文元一开始便阴阳怪气地说：“老作家写创作经验谈，我们是欢迎的；问题在于是站在新的工人阶级立场上有区别有分析地对待过去的著作呢，还是站在旧的资产阶级立场上无批判地肯定一切呢？”后来又说巴金的作品讨论“是一场深刻、细致而又复杂的思想斗争，主要是无产阶级思想和资产阶级思想的斗争，同时也有马克思主义辩证法和形而上学的片面性的斗争”。问题归结到政治思想上，人们一下子就紧张起来。在一个政治可以决定一切的年代中，谁也不能在政治上落后，那只有不分青红皂白地举起砍伐大刀。

好在这次“拔白旗”运动像反右一样是有

1964年夏天，巴金与萧珊、小棠摄于山西

惊无险，一阵批判之后，巴金又过关了。但精神上的枷锁则越来越紧了。巴金越来越谨慎，也越来越疲倦地“紧跟”着所谓的时代步伐。如1958年年终，按照惯例，巴金又要发表他的《新年试笔》了，他照样热情地写道：“1958年中国人民干出来的事情不说是惊天动地，至少也震惊了全世界。”最后，巴金说：“无疑的，中国人民一定为伟大的一九五九年绘上最美丽的图画，写下最美丽的诗篇。”然而，1959年，巴金写下的并不都是最美的诗篇，他为自己的《选集》写了篇后记，里面充满着这样的字句：“我们的上辈犯了罪，我们自然不能说没有责任，我们都是靠剥削生活的。”许多朋友看了这篇文章，认为并非他心平气和之作，劝他弃之不用。但后来，他还是摘引了一部分用在了一篇文章的脚注上。在这以后，巴金更加小心谨慎了，1962年他在上海第二次文代会上遵命发扬民主，所作的发言以泄他1958年所受的怨气。但不久，发言便有了问题，成了他更大的包袱和新的罪名，让他受害无穷。1963年、1964年气氛越来越紧张的时候，他又到了越南，照样写了一大堆应景的文章。在20世纪60年代，巴金还有不少出国任务，发表了很多歌颂人民友谊事业，赞美新社会、新生活的散文。但是在“文化大革命”的十年中，这些歌功颂德的文章仍然被当作“大毒草”受到批判。在一个动辄得咎的年代中，“你们进来的人，丢开一切希望吧”。一个遥远的声音在引导着噤若寒蝉的巴金一步步走向深渊。

巴金与萧珊

第七章

十年一梦

（1966—1976）

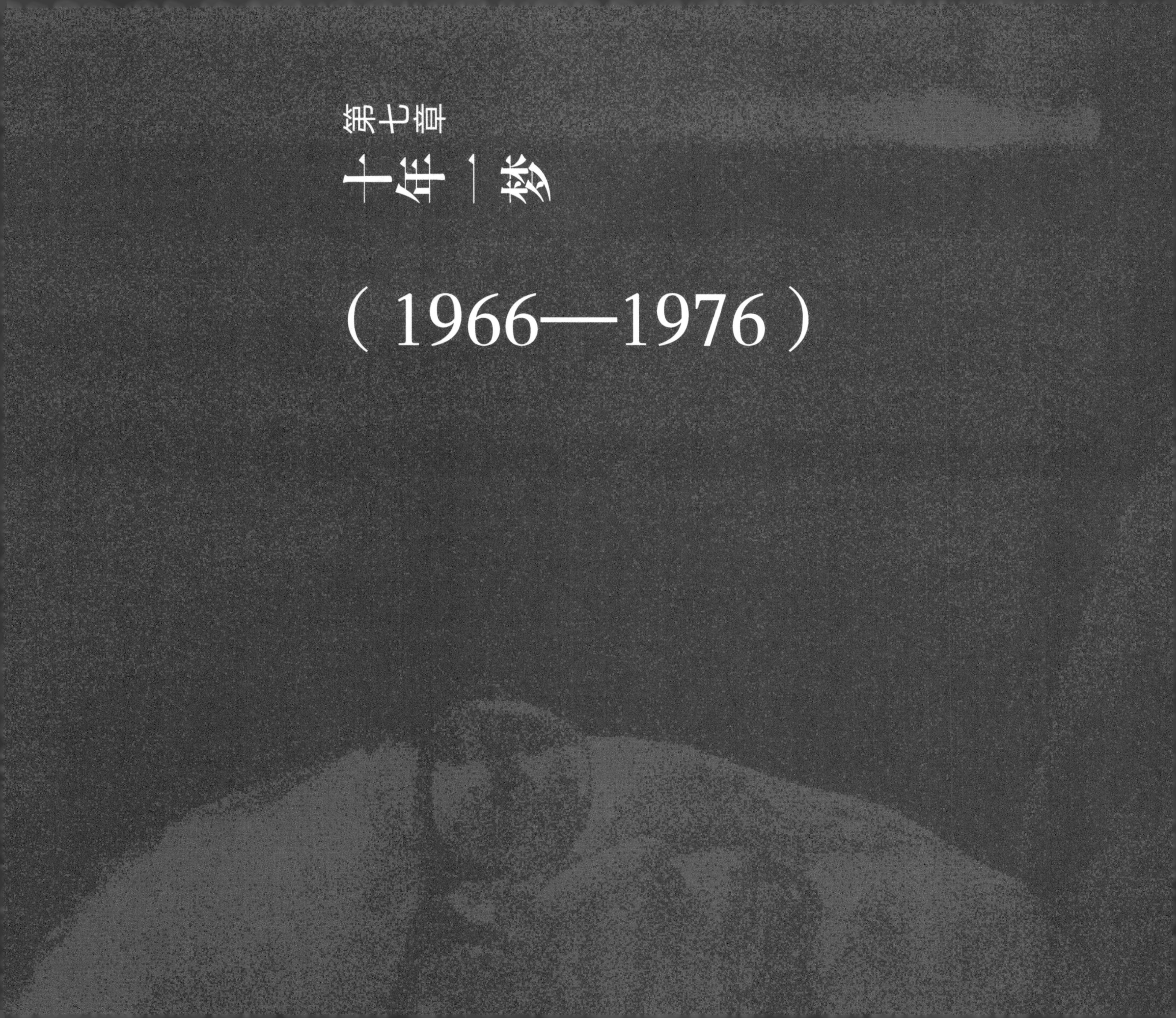

一

由人变“牛”

在20世纪60年代巴金是个大忙人，忙于各种各样的会议、仪式，还要忙于挖空心思地写那些口号式的文章。这是在巴金的日记中记下的他的一些活动：1962年11月6日，“两点同广播电台的两位同志去上海音乐厅，四点参加游行，到人民广场后，和周、熊、沈各位同去解放日报社，把文艺界致古巴人民的信件交给报社负责同志，请他们转寄北京古巴大使馆，并在报社门前为电台作简短的发言（录音）”。11月7日，“参加上海各界人民庆祝十月革命四十五周年大会（十九点到十九点三刻）”。1963年1月7日，“晨七点三刻国宾馆接待会派车接我去机场欢送苏班德里约博士。机场上冷气扑面，两耳剧痛。陈总陪外宾去广州，上机前他见到我，笑问：‘怎么你也来站队？’我笑着回答：‘我来送你啊。’九点从机场回家。九

彻底揭露巴金的反革命真面目

胡万春　唐克新

彻底斗倒批臭无产阶级专政的死敌——巴金

清算反共老手巴金的滔天罪行

发表在“文革”时期报刊上的各种批判巴金的文章

点半以后雇车去作协参加座谈会。……十二点散会。……下午四点一刻任斡、胡万春来，闲谈到六点。”还有外出参加人代会之类的，少则十天，多则一月余。到“文革”前他更是忙得焦头烂额。什么关于时代精神的讨论，关于《海瑞罢官》的讨论，一讨论起来需要好几周，会前还得看大量相关的材料，需要听广播掌握上面的精神。更令他不安的是今天批这个明天批那个，他紧跟在后面不知方向地跑，累了个气喘吁吁不说，还弄得神经十分紧张。

1966年初夏，巴金正作为亚非作家紧急会议的中国代表团副团长忙里忙外，这时政治上已经有了疾风暴雨之势了。8月初在杭州送走外宾，巴金就回到上海参加“运动”。巴金在上海作协一向是挂名，从不上班，但这次的阵势跟以往却大不一样，回到机关他就被编在创作组里学习。创作组的组长是一位工人作家，有一点名气，以前看见巴金还客客气气地打招呼，现在则是非常冷淡。作协的大厅里贴满了大字报，每一张都杀气腾腾，绝大多数是针对当时的作协领导叶以群和孔罗荪的，好像全是判决书。也有几张是关于巴金的，主要讲到巴金在1962年上海第二次文代会上的发言。巴金那次发言强调的是“作家的勇气和责任心”，当时张春桥等领导就大为不满。这次老账又翻出来，批评言辞之激烈让巴金不敢看下去，走进这个大厅，就如同进了阎王殿一般。

学习也不是那么轻松地读读文件了，而是一天比一天要求严格。起初他是得到通知才去，后来要按时上班，再后来便是全天学习，最后就是隔离审查，彻底变成了“牛鬼蛇神”。给巴金印象最深的一次是批判他的朋友、文艺理论家叶以群的大会，叶没有参加。发言人没头没脑地骂了一通，说叶“自绝于人民”。他隐隐感到叶以群已经不在人世了，大家都不管这

巴金1960年代摄于寓所花园中

些，顺从地举手拥护，而且作慷慨激昂状。巴金坐在大厅里什么也不敢想，只是跟着别人举手，跟着别人高喊："打倒叶以群！"他生怕让人看出他的紧张，生怕让人想起叶以群曾是他的朋友。在会议开完的时候，一个熟人小声对他说："不要把以群的消息讲出去。"他打了个冷战，看来叶以群的确是死了。但他顾不了那么多了，他疲乏不堪，唯愿老天保佑自己和家人平安。

但这一次，的确是与以前大不一样了。1966年9月巴金进"牛棚"后，9月10日就被抄家了。在那些夜晚，他都是服了眠尔通才能睡几小时，听见捶门声就浑身发抖。但是他一直怀着希望：不会这样对待我吧，对我会从宽吧，这样对我威胁只是一种形式吧。他常常暗暗地问自己："这是真的吗？"但接着来的是可怕的12月，红卫兵一批一批接连跑到他家里。起初他们翻墙入内，后来大摇大摆地敲门进来。

1964年8月在山西大寨，参观后巴金写了长篇通讯《大寨行》，"文革"结束后，在《随想录》中，巴金对这一阶段的创作进行了反思，提出了"讲真话"的口号

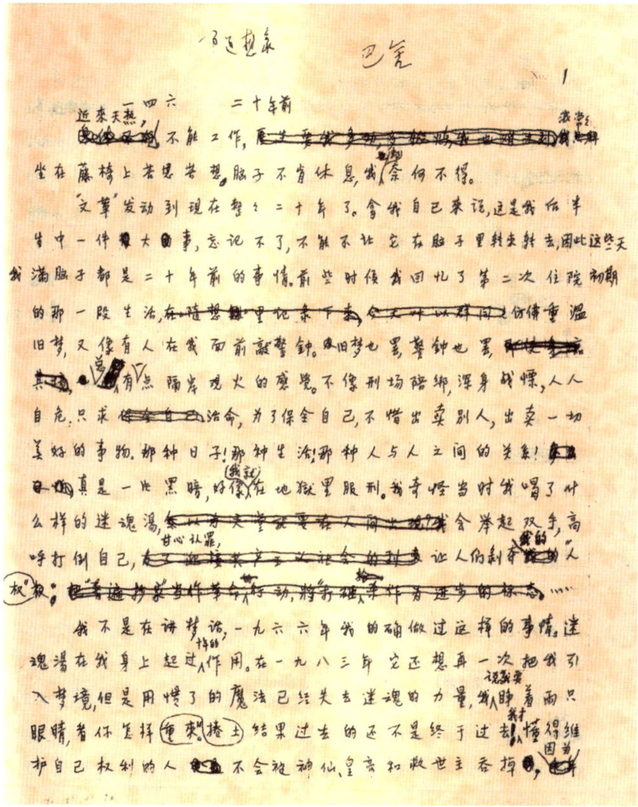

随想录　巴金　1

一四六　二十年前

近来天热，不能工作，……坐在藤椅上苦思苦想，脑子不肯休息，我奈何不得。

"文革"发动到现在整整二十年了。拿我自己来说，这是我终生中一件大事，忘记不了，不能不让它在脑子里转来转去，因此这些天我满脑子都是二十年前的事情。前些时候我回忆了第二次住院初期的那一段生活，……仿佛重温旧梦，又像有人在我面前敲警钟。旧梦也罢，警钟也罢，……有点隔岸观火的感觉。不像刑场陪绑，浑身战慄，人人自危，只求……活命，为了保全自己，不惜出卖别人，出卖一切美好的事物。那种日子！那种生活！那种人与人之间的关系！……真是一片黑暗，好像在地狱里服刑。我奇怪当时我喝了什么样的迷魂汤，……我会举起双手，高呼打倒自己，甘心认罪，……让人们剥夺我的人权……

我不是在讲梦话，一九六六年我的确做过这样的事情。迷魂汤在我身上起过作用。在一九八三年它还想再一次把我引入梦境，但是用惯了的魔法已经失去迷魂的力量，我睁着两只眼睛，看你怎样"重新捧上"，结果过去的还不是终于过去，……懂得维护自己权利的人……不会把神仙、皇帝和救世主……

《二十年前》手稿之一页

在该文中，巴金提出了要创办"文革"博物馆的设想

1958年至1962年出版的十四卷本《巴金文集》，在“文革”中成了“大毒草”

凡是不曾贴上封条的东西，他们随意取用。晚上来，白天也来。夜深了，巴金疲惫不堪，还得低声下气哀求他们早些离开。在这种情况下，还能有什么希望呢？从此巴金断了念，来一个急转弯，死心塌地做起“奴隶”来。从1967年起，他的精神面貌就完全不同了。他无条件地接受“造反派”的一切“指示”。他后来分析说，自己是入了迷、中了催眠术。在他的耳边时时都有一种仁慈的声音：“你信神，你一家人就有救了。”

二

炼狱中挣扎

没有人能救得了他，从1968年秋开始，巴金等人被派往松江等地去劳动。关于这一段日子，巴金自己说得不多，只是不断地提到噩梦缠绕着他。不难想象，这是一段梦魇般的日子。对于一个60多岁的老人来说，在繁重的体力劳动之外，还有没完没了的批斗，前途渺茫，精神上的压力也够他扛的。

20世纪60年代的巴金，面容上带着疲倦

巴金的难友王西彦对于这段岁月倒有过非常精彩的描述：

> 为了加强“革命”的彻底性，工宣队和“造反派”不但对我们认真施行“劳其心志，困乏其身”的改造措施，更本着“边劳改，边批斗”的精神，就地制宜，对我们举行“田头批斗会”。大家正在监督下奋力掘土，忽然一声令下，要我们立即放下铁锆，集中田头，排列成行。在一群男女社员的围观下，先由干部如生产队支书或苦大仇深的贫下中农诉一通旧社会的苦，又由工宣队或“造反派”笼笼统统训斥我们一顿，然后拉出一两个“罪大恶极”的“吸血鬼”在“革命群众”面前低头认罪，自报罪行，最后照例高呼一通“打倒”“清算”之类的口号。不用说，在“田头批斗会”上，巴金是最重要的批斗对象，不仅因为他出身于一个地主家庭，尤其是因为他写了一部“为地主阶级树碑立传”的“毒草”小说《家》。
>
> 经过上一年的“三秋”，我们对割稻打谷之类的事已经比较熟练。巴金始终保持原来的认真态度，竭尽他的所能。

萧珊（中）和弟媳顾培智、表妹袁淑贞摄于“文革”中

厕所也好，在昏暗中一脚高一脚低地踩着泥泞而滑溜的道路，经常听到有人摔跤的声音，十有八九总是巴金。他的衣裤上老是留着左一块右一块的泥印。

加盖完芦苇棚，接着就抬运粪水。这是我们这些“老牛鬼”的“专业”……大概为了照顾老年的巴金，他经常被派到化粪池畔倒粪水。当粪水“哗”的一声往池

有一个时期，又忽然掀起一阵运动高潮，到处贴满大字报，大标语。自然逃不了有关巴金的，依然无非“死敌”“黑老K”之类。

在给芦苇棚加盖稻草时，派给巴金和我的劳动是搬运稻草。碰上的是个阴沉天气，地泥泞不平，到处撒满捆扎芦苇棚用剩的竹头和铁丝，海风过猛，再加工宣队和“造反派”重新变得严厉起来的脸色和吆喝，我们心慌意乱，人变得格外笨拙，格外手脚不灵，因此老是摔跤，身子和泥土撞击出很大声响。作家协会下干校来的靠边人员中，巴金年近七旬，自然算得上是“老弱”了。长期肉体的伤害和精神的折磨，使他行动常易失去平衡，在干校的几年里，他摔跤的次数最多。给我印象特深的，是严冬的风雨之夜，开会也好，上

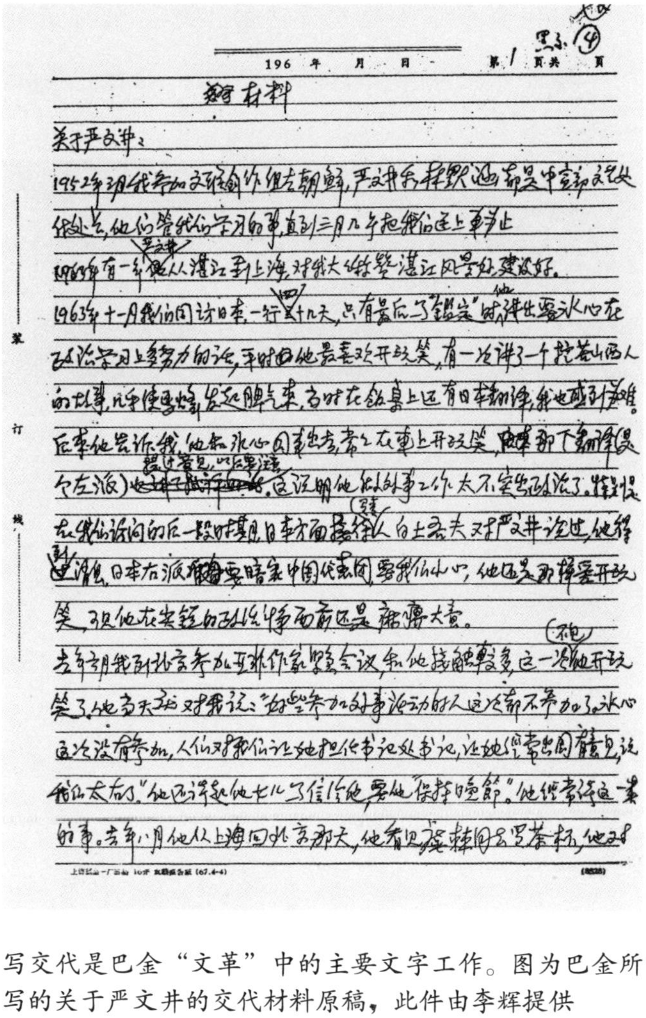

196 年 月 日 第1页共 页

交待材料

关于严文井：

1952年3月我参加文联创作组去朝鲜，严文井和林默涵都是中宣部文艺处处长，他们管我们学习的事，直到三月几号把我们送上车为止

1962年有一次严文井从湛江到上海，对我大谈湛江风景好，建设好。

[illegible]

写交代是巴金“文革”中的主要文字工作。图为巴金所写的关于严文井的交代材料原稿，此件由李辉提供

子里倾泻下去时，池子里的积粪也相应地喷溅上来。因此，干完一场运粪水的活儿，巴金的脸就成了“花猫”……

有一个较长的时期，巴金经常被押回上海去游斗，今天是这个工厂，明天是那个学校。据说，这是因为巴金写了大批“毒草”，读者中毒过深，所以“消毒”的任务也格外繁重。有时是刚吃完中饭，有时则是还在地里干活，只要“造反派”头头一声令下，他就得匆匆上路，被押着到塘外镇上去乘郊区长途汽车，往往一去就是好几天。他的床位在我斜对面，看到他的床位因押去上海游斗而空着时，我就非常为巴金担心。我知道表面的顺从正掩盖着他内心的悲愤。幸运的是，每次“任务”完毕回到干校，他总是立刻头上戴起个小草帽，颈上围起条小毛巾，赶到劳动场地去。每逢我悄悄问他：“吃得消吗？”他的回答照例很简短，最多的是说“还好”，但偶尔也说过：“没有法子呀！”在这样说时，他的喉咙往往有些发哑。而当我重复劝慰他“一定要保重身体”时，他总是点

巴金与王西彦，当年的一对难友

萧珊与小林合影

头说："对！我知道！"随后又加上一句："你自己也要保重呵！"

这种非人的折磨倒促使巴金的思想发生了转变。他自己曾分析说，"文革"开始时，在"造反派"的"引导"和威胁之下，他完全用别人的脑子思考。别人大吼"打倒巴金"，他也高举右手响应。他真心表示自己愿意让人彻底打倒，以便从头做起，重新做人，而且还有通过吃苦完成自我改造的决心。每次批斗之后，"造反派"照例要他写"思想汇报"。尽管巴金当时身心都十分疲倦，很想休息，但他听说马上要交卷，就打起精神，认真汇报自己的思想，总是承认批判的发言打中了他的要害，批斗真是为了挽救他。1969年后，他渐渐地发现所谓的"文化大革命"是一场政治上的大骗局。他逐渐看出一些"破绽"来了：那些整天在他们面前挥舞皮鞭的人其实漫无目的，他们并不知道自己的明天。"造反派""革命左派"，还有"工宣队""军代表"等这些人的一言一行，他都看在眼里，听在耳里，记在心上。他的思想开始变化，他开始感觉到做一个"奴在心者"是多么可鄙的事情。他开始不再服从"道理"，而只是屈服于权势，在武力之下低头，靠说假话过日子。虽然同样是活命哲学，但从前是只求给我一条生路；如今，他想我一定要活下去，看你们怎样收场！

三

萧珊之死

1969年巴金开始抄录、背诵但丁的《神曲》，因为他怀疑“牛棚”就是“地狱”。坚持下去就是胜利。这是他和萧珊用来互相鼓励的话，然而萧珊却没有坚持下去。她生病住院了。萧珊的病与她在“文革”中所承受的巨大精神压力和受到的刺激有着直接关系。巴金在那篇充满感情的《怀念萧珊》中再三提到这一点：

在我靠边的几年中间，我所受到的精神折磨她也同样受到。但是我并未挨过打，她却挨了“北京来的红卫兵”的铜头皮带，留在她左眼上的黑圈好几天以后才褪尽。她挨打只是为了保护我，她看见那些年轻人深夜闯进来，害怕他们把我揪走，便溜出大门，到对面派出所去，请民警同志出来干预。那里只有一个人值班，不敢管。当着民警的面，她被他们用铜头皮带狠狠抽了一

巴金与萧珊合影

20世纪60年代的萧珊

下，给押了回来，同我一起关在马桶间里。

…………

她说“日子难过”，因为她给两次揪到机关，靠边劳动，后来也常常参加陪斗……

……我理解她，同情她，也非常担心她经受不起沉重的打击。我记得有一天到了平常下班的时间，我们没有受到留难，回到家里她比较高兴，到厨房去烧菜。我翻看当天的报纸，在第三版上看到当时做了“作协分会”的“头头”的两个工人作家写的文章《彻底揭露巴金的反革命真面目》。真是当头一棒！我看了两三行，连忙把报纸藏起来，我害怕让她看见。她端着烧好的菜出来，脸上还带笑容，吃饭时她有说有笑。饭后她要看报，我企图把她的注意力引到别处。但是没有用，她找到了报纸。她的笑容一下子完全消失。这一夜她再没有讲话，早早地进了房间。我后来发现她躺在床上小声哭着。一个安静的夜晚给破坏了……

强大的精神压力使萧珊的健康不断恶化。她患的是癌症，是在朋友的帮助下才住进医院的。巴金也是费尽周折才请假来护理萧珊。萧珊在手术后不久于1972年8月13日离开了人世。巴金永远都难以忘怀她那双美丽的眼睛：

……五天中间我整天守在病床前，默默地望着她在受苦……她非常安静，但并未昏睡，始终睁大两只眼睛。眼睛很大，很美，很亮。我望着，望着，好像在望快要燃尽的烛火。我多么想让这对眼睛永远亮下去！我多么害怕她离开我！我甚至愿

巴金夫人萧珊的遗像以花圈形式呈现，满溢哀思。挽联“李尧棠 敬献”，凝萃着巴金对亡妻的深切悼念

意为我那十四卷“邪书”受到千刀万剐，只求她能安静地活下去。

不久前我重读梅林写的《马克思传》，书中引用了马克思给女儿的信里的一段话，讲到马克思夫人的死。信上说：“她很快就咽了气。……这个病具有一种逐渐虚脱的性质，就像由于衰老所致一样。甚至在最后几小时也没有临终的挣扎，而是慢慢地沉入睡乡。她的眼睛比任何时候都更大、更美、更亮！”这段话我记得很清楚。马克思夫人也死于癌症。我默默地望着萧珊那对很大、很美、很亮的眼睛，我想起这段话，稍微得到一点安慰。

萧珊与小狗包弟在家中花园草坪上

在《巴金全集》第十六卷有一幅他在萧珊遗体告别仪式上的照片，巴金消瘦不堪，身穿短袖衬衫，双手叉腰，低着头，双眉紧锁，面孔上是悲痛欲绝又欲哭无泪的表情。那种绝望，那种压抑，让人喘不过气来。后来巴金是这样描述那天的情景：

……三天以后在龙华火葬场举行告别仪式。她的朋友一个也没有来，因为一则我们没有通知，二则我是一个审查了将近七年的对象。没有悼词，没有吊客，只有一片伤心的哭声。我衷心感谢前来参加仪式的少数亲友和特地来帮忙的我女儿的两三个同学。最后，我跟她的遗体告别，女儿望着遗容哀哭，儿子在隔离病房还不知道把他当作命根子的妈妈已经死亡……我在变了形的她的遗体旁边站了一会儿。别人给我和她照了相。我痛苦地想：这是最后一次了，即使给我们留下来很难看的形象，我也要珍视这个镜头。

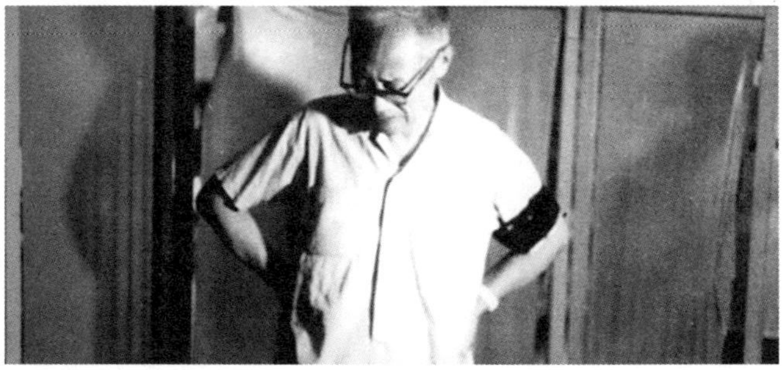

巴金在龙华殡仪馆与妻子萧珊悲痛地告别

四

坚强的心

萧珊的去世对巴金打击非常大，以致很长一段时间，家里人不敢在巴金面前提到萧珊的名字。这也彻底促使他对自己所走过的道路和这几年的经历进行反省。1973年7月，当时的上海市委领导对巴金宣布了处理决定：对巴金的问题按人民内部矛盾处理，不戴“反革命”的帽子，发给生活费。这似乎意味着无休止的审查和批斗应该结束了，但无形的帽子还在巴

巴金是不是常常会想起这开心的笑？

巴金与小林、小棠摄于1960年代

金的头上。他知道搞创作是不可能的，因此就问："可不可以搞点翻译？"两天后作家协会的负责在会上宣布：巴金可以做翻译工作。到1975年9月，巴金的业务关系就转到了上海人民出版社编译室的英文组，同时转到出版社的过去作协的人还有十多人，大部分都到文艺组，唯有巴金除外。巴金自己清楚这是要剥夺他创作的权利，彻底把他赶出文艺界。不过，这时的巴金已经不再像几年前那样俯首听命了，他以身体虚弱和眼睛不好为由表示不能承担工作，不接受翻译任务，只是一周到单位去参加几次学习。

但他并没有赋闲在家。在这一时期，他再一次重译了屠格涅夫的长篇小说《处女地》。这是他20世纪40年代的旧译，20世纪60年代曾重译过一次，这次不满意又重译了一次。更为值得称道的是，从1974年9月开始，他着手翻译俄国作家、革命家赫尔岑的长篇回忆录《往事与随想》。这部书是作者个人经历与风云变幻的历史紧密结合的结果，通过它能读出俄国一代知识分子的心路历程。巴金说："作者是个文体家，文笔生动，内容丰富，全书好像是欧洲和俄国19世纪前半期政治和社会的编年史……"早在20世纪30年代，巴金就翻译过这部书的部分章节，并以《家庭的戏剧》为名出版。巴金也曾对鲁迅说他要翻译全书。在社会动荡不宁，而他的生活一片孤寂的时候，巴金又重新拿出这部书，他要让自己的思绪从眼前的现实中暂时离开，到另外一个国度和时代中寻求安慰和寄托。但越翻译他就越不由自主地把19世纪沙皇尼古拉统治下的一切与个人的处境联系起来了，他觉得"四人帮"的丑行与沙皇简直如出一辙。当赫尔岑诅咒沙皇灭亡的时候，巴金也在诅咒"四人帮"的灭亡。这部书在当时根本没有出版的可能，但巴金似乎根本不考虑这些，他告诉朋友，自己打算花十年翻译完它，留下一部誊清的手稿，送给国家图书馆，对想了解那一段历史的人总有益处。这种毫无功利的想法，其实贯穿了巴金的一生。《往事与随想》的翻译还激发了巴金晚年最重要的一部作品《随想录》的写作。巴金从赫尔岑那里获得了启发，以“随想录”的体式开始了他的人生和社会反思。

长夜漫漫也总有结束的时候。1976年10月，中国大地发生了巨大的变化，“四人帮”被粉碎了，“文革”到了它奄奄一息的时候了。巴金在日记和书信中掩饰不住他的喜悦：“砸烂‘四人帮’，大快人心。在上海，十四夜交大学生已在淮海路游行，高呼打倒‘四人帮’的口号。十五日街上已有大标语，康平路、淮海路、外滩一带炮轰马、徐、王的大字报很多，昨今游行的人不少。我们室里十五夜传达，十六日下午全社开大会，会后游行。……上海人民也把‘四人帮’恨之入骨，不亚于外敌。消除‘四人帮’是今年的一件大喜事。”“揪出‘四人帮’，全国欢庆，人心大快。……他们压在我的头上，像一块大石头，压得我喘不过气来。我担心张、姚二人有一天会搞掉我……但现在他们完蛋了，真是永世不得翻身了。我的问题还没有完全解决，不过总会解决的，希望有了。国家和人民的前途十分光明，个人的问题也容易解决。”对于自己的问题，“倘使大家都不讲，也没有人来过问，那么就让历史来裁判吧，这一点我倒有充分的自信”。因为上海是“四人帮”多年苦心经营的据点，积重难返，巴金的问题迟迟不得解决。直到1977年4月22日被封的房间才被打开，上面正式通知他“四人帮”搞的那些结论撤销了。在此之前，有人劝他发表文章控诉“四人帮”，他说：“我一时写不出文章，而且还没有人来组织我写，自己不必急于发表文章。”

赫尔岑像

巴金译作《往事与随想》书影

第八章

人格的发展

（1977—1986）

一

《一封信》结束了沉默

《一封信》的发表结束了巴金十一年的沉默生活。那是1977年5月，楼上被封存的房间和书橱打开了。他在给老友李健吾的信中是这样写的：“这个月下旬，在上海还要开几天（可能一个星期）文艺座谈会，要我准备个发言稿。怎么讲好呢？写起来花费时间，不过总得准备一下。”《文汇报》副刊当时的编辑徐开垒后来回忆说：

1977年5月，我与刘火子同志征得当

1977年5月25日《文汇报》发表巴金的《一封信》

时报社领导同意，到巴金家里，请他写停笔十年后的第一篇作品，因为当时我恢复报纸副刊主编职务不久，很希望得到他的支持；同时，我也知道他的威望将有助于受“四人帮”糟蹋不堪的报纸生命的复苏。起初，巴金不大愿意，也一时想不出用什么方式来写好，后来我说：“那么多年不见你的信息，读者多么想念你，你就用写信的形式写一篇吧。”他终于答应了。这就是发表在这一年5月25日的《一封信》。大家知道当时粉碎“四人帮”才半年零一个月，“四人帮”虽然在政治上垮台，但他们长期留在一部分人头脑中的假象还没有完全去掉，我们文坛也还趋于沉寂，巴金同志的这一篇散文，他那长期受压抑的对“四人帮”的愤怒之情，一如山洪暴发，猛烈地冲击着敌人在十年“大批判”中为读者设下的各种阻碍思想前进的破烂防御。这是全国作家对“四人帮”的第一声血泪控诉，显出巴金在反击敌人中的大无畏精神。顷

劫后重逢，巴金的客厅里又荡漾起了久违的笑声，这些声音来自：（左起）师陀、李济生、巴金、孔罗荪、张乐平、王西彦、柯灵

巴金与自己的文学领路人叶圣陶先生

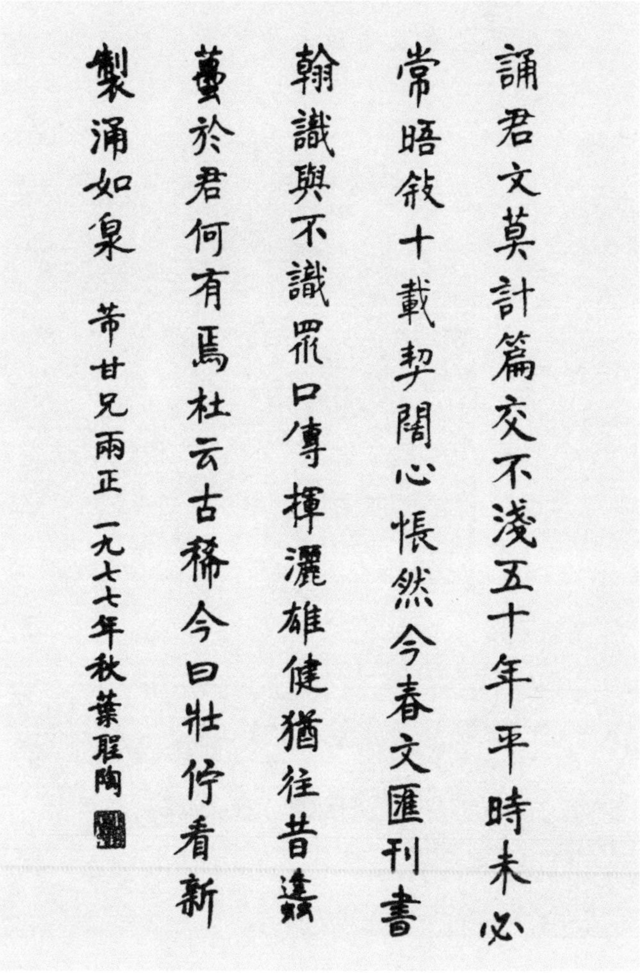

1977年叶圣陶诗赠巴金，祝贺他重新提笔写作

刻之间，如地动山摇，大批读者来信涌向编辑部……

除了标志着一个作家的沉默岁月结束，很难给这篇文章太高的艺术评价。但是就巴金本人来说，这篇文章还是有着不同寻常的意义的。它至少透露出两点值得关注的信息。第一是过去十年的夹缝中生长着他独特的谨慎的个人话语。巴金回顾了自己几十年的创作生涯，在谈到“四人帮”给个人造成的伤害时，情不自禁地吐露出心底的真诚声音。他不像一些文章那样泛泛地批判，而是结合自己的切身实际，从自身入手，形象、直感、真诚、朴实。可能正因为有这种声音和真挚的感情在里面，它打动了许多读者。当时编辑部收到了上百封来信，它们有的情文并茂，长达万言，向他倾诉了十

1970年代末摄于家中

年中的痛苦遭遇；有的发自肺腑，字字血泪，告诉他由于读了他的小说，几年来被整得几乎家破人亡……第二，从这篇文章中，在那气势磅礴的一连串排比句子中，我们看到了巴金久违的生命激情。这一直是推动他创作的动力。经历了十年浩劫的他慢慢地恢复了自信和独立思考，他自己也在寻找昔日的巴金。半个世纪以前将他领入文坛的叶圣陶先生寄来的贺诗说他“挥洒雄健犹往昔”。之所以强调这两点，是因为它其实和后来的《随想录》有着千丝万缕的联系。前者也是《随想录》经常采用的表达方式，而后者是产生《随想录》的一个重要前提。

二

恢复了从前的忙乱生活

结束了沉默，与那个时代一样，巴金处在一时的亢奋之中。“好久没有写文章，起初真感到不知从何处写起。但是写完我也感到痛快，因为我讲出了心里的话，‘四人帮’专讲假话，那么讲真话也是同他们对着干吧。”“文章并不好，但讲了真话。‘四人帮’的帮八股就不讲真话。我写文章并非为了‘亮相’，更不是作检查，惟一的目的是冲一下‘四人帮’的文风。”这种亢奋使得他无论是对于国家，还是对于个人都充满了许多美好的想象。他心中装着做不完的美好计划：在他80岁以前，准备写出一本十几万字的短篇小说集，并准备写一部反映现代知识分子题材的长篇小说。他要为妻子萧珊立传，写一部以她为主人公的小说，书名也想好了：《一双美丽的眼睛》。当然，他原来就在翻译的赫尔岑的回忆录《往事与随想》，仍将把它译完。这部回忆录，他已译了25万字，看来还有100万字要译。

迎接满盘计划的似乎并不是丰硕的果实，而是没完没了的繁忙。5月25日，《一封信》发表。5月26日，上午巴金接待了新华社记者王立文，说是要发稿到港澳去，因为那边有许多

人关心巴金。下午去友谊电影院，听全市传达工业学大庆的拉线广播。5月27日，上午“九点前丰村来通知文化部政策研究室顾同志和简惠约我和黄宗英座谈”，晚“八点前寿进文来，谈了几件事：一、要我参加政协学习……三、要我在学习会念一遍控诉‘四人帮’的发言稿”。28日，继续开小组会。29日，去友谊电影院在交流会上发言。30日，修改《文汇报》送来的校样，并起草在政协学习会上的发言。31日，上午去编译室开全室整党动员大会，下午写发言稿。与此同时，他收到了大量的读者来信，开始会见外宾了。6月9日，在国际饭店会见美籍华人教授时钟雯。7月28日，上午到作协开会，谈创办刊物的事；下午与瑞典共产党《星火报》代表团座谈……

巴金是作家，不是社会活动家，而支持一个作家的是他的创作。可是，在这样的状态下，哪里还有时间进行创作？在气氛稍微缓和的情况下，巴金就抱怨创作时间太少了，呼吁应当保证作家的创作时间。在“文革”之后，巴金的身体大不如前，明显不适应这种繁忙的活动，他屡屡为这种忙碌而苦恼，他要为自己争取时间了：“现在的确忙，忙得乱七八糟，糊里糊涂。开过五届人大以后，我一定要改变现在的生活方式和工作方法。总之，希望多做些实在事情，也多活几年。”“我生活忙乱，连读

这是一个真实的故事。图中四个小姑娘在中法友好协会举办的“我所了解的中国”绘画比赛中同时获奖。其中15岁的莎薇（右）根据法译本《春》创作了一组连环画，画一个旧中国的女子被迫嫁给自己不爱的男人，但她的女儿却在新中国同心爱的人幸福地生活在一起。这不正是说明了巴金的作品是怎样沟通了人与人之间的感情吗？

书的时间也没有。这样下去是不行的。我在考虑，将要求保证六分之五的时间。”“我现在写文章只能慢慢写，没有充足的时间，什么也写不出……我一直在为时间奋斗。”“我最近在检

巴金的旧作也重见天日，图为1982年四川人民出版社出版的十卷本《巴金选集》

巴金的旧作也重见天日

查身体，社会活动还是不少，无法定下心来写文章……我打算写几篇散文，却一直没有时间动笔，我也着急啊！”这样的折腾使得他身心疲惫，甚至到了要去杭州避难休养的地步。身心两方面的疲劳夹攻，使巴金不能不对他的生活进行反省。

整天迎来送往的生活又何尝是巴金自己想过的？巴金一直在试图改变这种生活，以平息内心的焦灼。他一直相信自己还是能写出一点东西来的，浪费了大好时光后，他更珍惜有限的时间了。巴金是一个追求生命丰富的人，他不能容许自己的生命无端耗费在没有价值的事情上。他一直强调“生命开花”。“生命开花”意味着生命需要在汲取营养的同时奉献于他人和社会。在暗夜中，生命的开花像灯光一样给了巴金信念上的支持。在一段时间里，他迷失了方向，感到生命枯萎了，这令他内心备受煎熬。在新时期，他意识到自己的时间已经不多了，令他更为痛惜的是他已经浪费了整整十年乃至更多时光。他要找回自我，要从一个戴着多顶名流帽子的泥潭中走出来，要唤回自己的创造力，要让自己的生命开花。巴金需要来自他生命中的真正声音。

丁聪画巴金头像

三

友谊的使者

在1949年以后，巴金经常作为友谊的使者出访，在波兰，在苏联，在日本，他都得到了热情的接待，感受到友谊的温暖。十年动乱使他中断了与国际友人的联系，然而友情却没有中断。日本朋友经常惦记着他的安危，法国的朋友也用各种方式打听他是否遭到了“四人帮”的“毒手”，而且海外还在翻印他的作品。1978年以后，巴金的小说《家》《寒夜》《憩园》在法国相继出版，法国文学界掀起了一股“巴金热”，甚至有人提名颁给巴金诺贝尔文学奖。满头银发的巴金为了报答朋友和读者的情谊，毅然踏上了出访的征途。

1979年4月26日，他率领中国作家代表团赴法国访问。法国对于巴金来说，是一个非同寻常的国度，在这里他开始了自己的文学生涯。因此他说：“这次来法访问，我个人还有一个打

1979年重返巴黎摄于巴尔扎克墓前

算：向法国老师表示感谢，因为爱真理、爱正义、爱祖国、爱人民、爱生活、爱人间美好的事物，这就是我从法国老师那里受到的教育。”法国也打开了他记忆的闸门。时光流转，他看到巴黎变了，那昔日拿着书和草帽的卢梭铜像在二战中被毁了，现在换为一座石像。然而，记忆却是永远毁不掉的，他忘不了多少个下着小雨的黄昏，他站在这里向卢梭倾吐心中苦闷的情景。他又来到了沙多-吉里，他忘不了在拉封丹中学看门的慈祥的古然夫人和她做花匠的丈夫。他还找到了50多年前的大饭厅，在学生登记簿上找到了自己的同学“巴恩波”的名字。他又来到了马赛，还找到了自己51年前住过的旅馆，回忆起当年在海滨散步的情景……当然，他还到了许多新的地方，去尼斯瞻仰了赫尔岑墓，在马赛看了大仲马笔下的伊夫堡，到里昂看了中法大学的遗址。在法国，他处处被友情包围着，各种各样的招待会、读者见面会，都传达着对他和他的作品的热爱之情，法国笔会名誉主席克朗西埃在一次欢迎会上说：

1979年春天，巴金与孔罗荪、徐迟、小林出访法国时合影

1984年5月15日，巴金在东京第47届国际笔会上演讲

“亲爱的大师，您的名字、您的作品、您的榜样、您的生活，就意味着对正义和自由的热爱。从您年轻时代起，一种渴求而经久不息的激情指引着您的思想、作品和行动。您渴求进步，保护被剥削的人民……”法国的读者也就作品中的许多问题和他进行了交流。他还惊喜地发现，他刚刚发表的《随想录》在海外也有读者。

出访法国之旅，巴金沉浸在“友谊的海洋”中。1980年4月，他又访问了日本，这也是旧地重游。在20世纪30年代和20世纪60年代，他都来过日本，留下了不同的记忆。这次，他去了东京，还特意去了遭受过原子弹袭击的广岛和长崎，并且在日本做了两次公开演讲，回顾自己50年文学生活历程，阐述自己的艺术主张，在日本引起了极大的反响。在随后的几年里，他又访问了瑞典，还三访巴黎，出席第45届国际笔会，并在美丽的瑞士度过了一段美好的时光。1984年，生病住院的巴金又接受了日本友人、著名作家井上靖的邀请，出席了国际笔会第47届大会，并发表了《核时代的文学——我们为什么写作》的演讲。为了能够邀请巴金出席大会，井上靖曾3次到医院去探病。友情终于战胜了病魔，巴金如期赶到了会场，并作为大会特邀的7位荣誉客人之一受到了世界文学界的尊敬和欢迎。巴金的演讲结束后，各国作家自动排成长队——要与这个饱经风霜的中国作家握手，那场面令在场者无不动容。到日本来，巴金没有忘记自己的旧友，特别是几年前去世的中岛健藏先生。在20世纪60年代，他冒着被恐吓的危险，积极发展中日友好事业。巴金忘不了这个没有私心的人，特意提出要去中岛先生墓前献花。后来他写道：“我望着墓碑，我在心里唤着他的名字，二十几年中的往事一一出现在眼前。我想着，想着。他明明举着酒杯对我微笑。……我的耳边响起一个熟悉的声音：‘为我们的友谊干一杯吧。’”

在国外，巴金的心中不断地重复着这样的话语：“友谊是永恒的，并没有结束的时候。即使我的骨头化为灰烬，我追求友谊的心也将在人间燃烧。”晚年的出访，对于巴金来说不仅是一个友情的回报，还是看看光景，而且是封闭了许多年之后，巴金的一次换“气”，这对他在新时期的创作是有着潜在影响的。如到法国，那里曾留下他青春的足迹和热情，故地重游，唤醒了巴金的青春记忆。巴金不断地提到当年从法国回来，写了多少作品，问自己今后该怎么办。新时期，巴金等老作家重续了五四的精神传统，每个人有不同的出发点。法国巴黎为巴金提供了不少精神的动力和信心。有了自信，

1980年4月，巴金（左四）率中国作家代表团访日。左二、三分别为：草明、周扬

才会有自省和自剖的勇气，才有了独立思考的力量。巴金写道：“我要永远捏着我的笔。写了几十年，我并没有浪费我的生命。我为什么还要离开艺术、摆脱艺术呢？离开了友谊和艺术，我的生命是不会开花的。”同时，不论是在法国和日本所见到的一切，还是与国际友人的交流，都引发了他对国内事情的思考。如对待历史的态度，对“文革”的反思，关于民主和人权的看法等。受海外一些博物馆的启发，他也产生了创建中国现代文学馆的想法。

这么多年海外的变化也给巴金的思想带来了不小的冲击。如1979年访问巴黎的时候，他感到那里的人总是同机器打交道，引发了“不搞人的思想现代化只搞物质现代化，行不行？”的思考。虽然他说“得不到回答，我感到苦恼”，但很显然，他对西方的现代化是存在着极大的疑虑的。这种疑虑是以我们多少年来认为西方的思想没落这样的角度来思考的。可是，在几年后再到法国的时候，他的想法却有了根本的改变：“在国内我常常听人说，我自己也这样想过：西方国家里物质丰富，精神空虚。三次访法，我都没有接触上层社会的机会，因此我并不特别感觉到‘物质丰富’。同文化界人士往来较多，了解较深，用我的心跟他们的心相比，我也不觉得他们比我‘精神空虚’……在我们这里‘个人奋斗’经常受到批判，吃大锅饭混

日子倒很容易，我习惯了‘混’的生活，我也不愿意、也不可能从早到晚地拼命干下去了。然而我能说那样拼命干下去的人就是‘精神空虚’吗？”这些思考在以后都化成了巴金的思想资源，在写作《随想录》的过程中表现出来。有一段时期，不少人对西方现代派有不同的意见，担心全盘西化。这个时候，巴金却发表谈话，认为不必担心谁“化”的问题，表现了一个老艺术家的卓识和胸怀。

1983年5月7日，法国总统密特朗在上海授予巴金法国荣誉军团指挥官勋章

四

不能忘却的记忆

“文化大革命”后，巴金恢复了人身自由和各种社会活动，其中有一项很重要的活动就是参加追悼会。许多老朋友莫名其妙地消失了，有的骨灰盒中只剩下一副眼镜。巴金想起了老朋友金仲华，他不明白这样一个人怎么会“反党”；他还想起了陈同生，总觉得出了家门在拐弯的地方还能遇到他；他也不明白老舍是怎么自杀的；他主持过周信芳的追悼会，听说过他惨遭毒打的事情；他参加冯雪峰的追悼会，记起当年出版《鲁迅先生纪念集》，雪峰慷慨出资的事情……仿佛一场大梦，巴金醒来之后，发现老友如落叶凋尽，只剩下枯老的树干孤零零地立着。“最近我经常去火葬场，参加老朋友们的骨灰安放仪式。在大厅里，我想起许多事情。同样地奏着哀乐，我的思想却从挤满了人的大厅转到只有二三十个人的中厅里去了，我们正在用哭声向萧珊的遗体告别。……我站在死者遗体旁边，望着那张惨白的脸，那两片咽下千言万语的嘴唇，我咬紧牙齿，在心里唤着死者的名字。我想，我比她大十三岁，为什么

萧珊摄于自家花园

风雪中独行

不让我先死？我想，这是多么不公平！她究竟犯了什么罪？”

压抑在巴金心头六年之久的悲愤终于开始倾吐出来。他不能忘记与萧珊一起共度的欢乐时光，更不能忘记萧珊所经历的苦难与折磨。

冰心曾经赞赏过巴金对待感情的严肃。巴金在晚年也曾表示过，除了萧珊，他没有爱过别人。在朋友的眼中，萧珊还是一个女学生，还是那么天真活泼的人，她照顾着家，照顾着她敬爱的“巴先生”。20世纪50年代，巴金夫妇有了一子一女，虽然经常外出，活动繁忙，但是一家人其乐融融的景象还是很温馨的。往事历历在目，巴金忘不了他们互相鼓励的情景，先是慨叹：“日子难过啊！”然后就是“坚持就是胜利”。在住院的时候，萧珊两次叹息道：“我看不到了。”巴金连声问她看不到什么。萧珊后来说：“我看不到你解放了。”巴金沉默不语，其沉重的心情可想而知。在被送进手术室时，萧珊满含着泪水说：“看来，我们要分别了。”巴金的声音也哑了：“不会的……”这一幕幕在巴金的头脑中闪过，紧紧地揪住他的心。他把这些全都写进了《怀念萧珊》这篇情真意切的长文中。这篇文章自1978年8月13日萧珊的忌日写起，历时半年才得以完稿。在1978年8月13日的日记中，巴金特意记上这么一笔：“今天是萧珊逝世六周年纪念日，我没有做任何事表示我的感情。但是我忘不了她。也还记得那些日子里她所经历的痛苦。”从自己最爱的人入手，从自己的亲身经历开始，巴金已经开始正面接触到《随想录》最重要的主题——关于“文革”的反思。尽管在这篇文章中，巴金采取了一种无声的控诉，但是“文革”带给人心灵上的伤痛是什么样子，却清晰地展现在人们的面前。巴金开始慢慢地走上了独立思考的轨道。

“文革”的惨痛经历和思想解放的洪流，都推动着巴金的自我开始恢复。比较明显的表

现是他关于文学问题的几篇思考，即《随想录》之六《“毒草病”》、之七《遵命文学》、之八《“长官意志”》、之九《文学的作用》、之十《把心交给读者》。仔细看一下会发现，他谈论的这些问题，其实是对20年前别人批评他的一个总的答辩，包括1958年“拔白旗”运动中别人对巴金的指责。当时没有想明白或者不敢回答，现在巴金站出来谈论，表明了他对此的充分自信。

所有问题都像岩浆在巴金的大脑里奔涌，让他再也不能沉默下去。于是，在1978年12月的一个深夜，他奋笔写下了这样的决心：

> 我准备写一本小书：《随想录》。我一篇一篇地写，一篇一篇地发表。这些文字只是记录我随时随地的感想，既无系统，又不高明。但它们却不是四平八稳，无病呻吟，不痛不痒，人云亦云，说了等于不说的话，写了等于不写的文章。

“不是四平八稳，无病呻吟，不痛不痒，人云亦云”，能做得到吗？历史为巴金提供了机遇。就在他写下这篇总序之后的17天，被认为是中国20世纪历史的一个重要转折点的中共十一届三中全会开幕了。更重要的是，《随想录》的写作，也是巴金磨炼灵魂、提升人格的过程。

左起：李小林、巴金、冰心、冰心女儿吴青，摄于日本

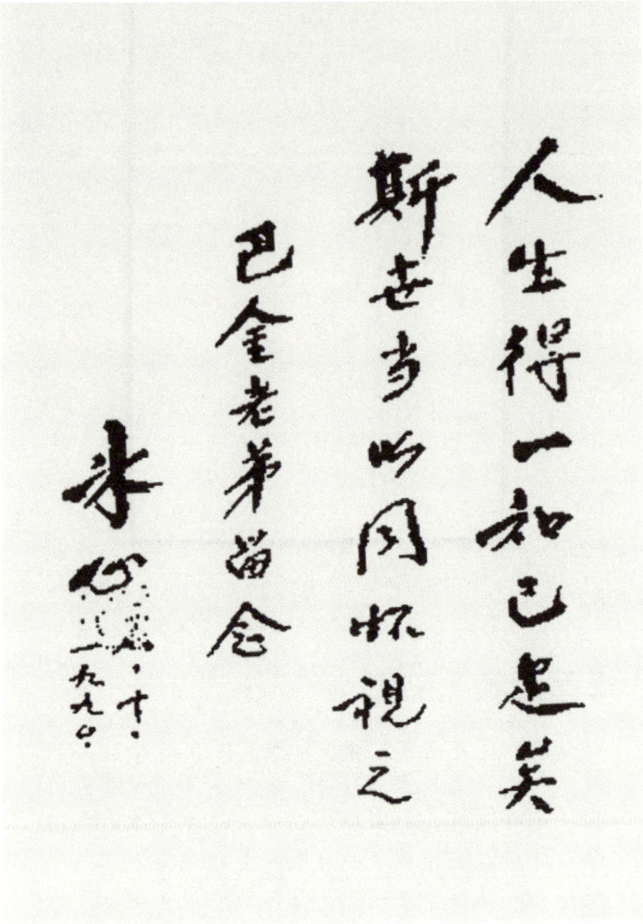

冰心书赠巴金条幅。两位老人在晚年肝胆相照，南北呼应，为中国文坛注入了一股凛然正气

他用8年的苦行和42万字的篇幅证明了自己的决心。与同时代人相比，他在这条路上走得最苦、最累，也走得最为执着、最为坚定。

《雪泥集》书影

是读者，也是朋友。翻译家杨苡在20世纪30年代就是巴金作品的忠实读者，在她还是中学生的时候，就开始给巴金写信，向他倾吐了一个少女的梦；巴金在回信中不断鼓励她要相信未来。他们的通信长达半个多世纪，如飞鸿雪泥，留下了珍贵的记忆片段。这些书信已经出版，杨苡在序中深情地称它为“一个伟大的作家与一个微不足道的读者之间的友谊”

巴金与杨苡在上海巴金寓所

在接听哪位老朋友的电话?

五

痛定思痛的自我忏悔

巴金自1978年底在香港《大公报》开辟《随想录》专栏，从1978年12月1日写下第一篇《谈〈望乡〉》到1986年8月20日写完最后一篇即第150篇《怀念胡风》（陆续以每30篇编为一集，共出5集，依次为《随想录》《探索集》《真话集》《病中集》《无题集》），其间历时8年。写完这部全42万字的散文巨著，对于年届八旬的巴金来说，不仅意味着工作的艰辛，而且是一次对自己心灵的无情拷问，还是一次伴随着内心巨大冲突而逐渐深入的痛定思痛的自我忏悔。

巴金写《随想录》的出发点非常明确，就是要对“文化大革命”作出个人的反省。正如他在后来所写的《随想录》合订本“新记”中说的：“拿起笔来，各种题目，议论各样事情，

我的思想却始终在一个圈子里打转，那就是所谓十年浩劫的‘文革’。……住了‘十载牛棚’，我就有责任揭穿那一场惊心动魄的大骗局，不让子孙后代再遭灾受难。”他在《随想录》中真实地记录了“文革”给他和他的家人及朋友带来的身心摧残（如那几篇非常感人的著名篇章《怀念萧珊》《怀念老舍同志》等）。他以噩梦中与鬼怪搏斗的场景不断让自己警醒，反复呼吁“建立一个‘文革’博物馆”（《“文革”博物馆》），来为世人留下这一场民族灾难的见证。事实上，整整一部《随想录》也正可以看作巴金用纸和笔建立的一座个人的“文革”博物馆。

《随想录》的独特与深入之处，是其中对“文革”的反省从一开始就与巴金向内心追问的“忏悔意识”结合在一起；而不是像很多“文革”的受害者那样，简单地把一切责任都推给了“四人帮”，认为粉碎“四人帮”就解决了所有问题。巴金的反省则包含了对历史和未来更大的忧虑。这一反省在《随想录》中并不是

晚年巴金摄于寓所书房中

一下子就完成了的，而是经历了一个逐渐深入的过程。在《一颗桃核的喜剧》中，巴金这样责问自己："我常常这样想：我们不能单怪林彪，单怪'四人帮'，我们也得责备自己！我们自己'吃'那一套封建货色，林彪和'四人帮'贩卖它们才会生意兴隆。不然，怎么随便一纸'勒令'就能使人家破人亡呢？"接着，他又说起了令他一生都为之困扰的一件事，就是他小时候在父亲的衙门里看到犯人挨了打还要向知县老爷谢恩的情景。这个儿时印象最早出现在他的第一部小说《灭亡》中。此时它再次浮现出来，成为贯穿《随想录》全书的总体意象。在以下篇章里，巴金不断反省自己的"文革"经历与奴隶意识的联系。他发现在"文革"初期他也曾像奴隶似的心甘情愿地低头认罪，主动改造思想。这一痛苦的自白使《随想录》中的反省进一步深化下去。巴金以巨大的勇气

女儿小林是《随想录》的第一读者

来重新认识自己所走过的人生道路。于是他在《怀念叶非英兄》中又有了一次这样的自我发现："只有在'反胡风'和'反右'运动中，我写过这类不负责任的表态文章，说是'划清界限'，难道不就是'下井投石'？！"接下来的《怀念胡风》是他最后的也是最动感情的一篇随

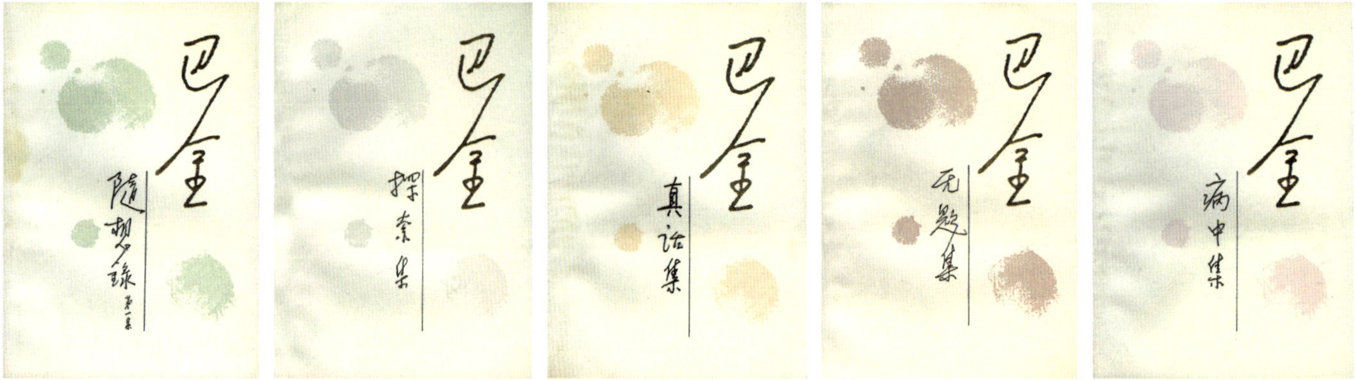

《随想录》（人民文学出版社）书影

想，文中他详细剖析了自己在反胡风运动中为了明哲保身而不惜任意上纲写表态文章时的痛苦心情。此时的忏悔之情给他造成的内心伤痛已经无以排解，使他感到恶心、耻辱。很显然，巴金在这里所忏悔的，已不仅是奴隶意识。所谓奴隶意识，还是以相信自己有罪为前提，把自救的希望寄托于救世主，本质上是一种愚昧的表现。但巴金对他在20世纪50年代的一些行为的反思已经挖掘到一个更深的思想层次上了：即在“左”的思想压制下，他为了保全自己而被迫牺牲正义和朋友。这就在事实上为“左”的思想做了帮凶，而在这一行为的背后，他原是明白是非的，所以他的良心也要为此而受到煎熬。结果就在愈加绝望的生存环境和身心交困的巨大痛苦中，他最终一点点地丧失了清醒的意志，放弃了作为一个现代知识分子独立思想的自觉和能力，也根本违背了自己曾经奉为生命的自由精神和人文理想。这也正是他何以会在“文革”中变成精神奴隶的心理基础。

当巴金以割裂伤口的勇气揭示出这一切潜

巴金的书桌上放着萧珊的照片

隐在个人和民族灾难之下的深层内容时，他其实也完成了对自己和对整个知识分子群体背叛五四精神的批判。而《随想录》真正给人以力量和鼓舞的所在，便是它作为知识分子的忏悔之言，重新提出了知识分子应该坚守的良知和责任，重新倡导了对五四精神的回归。例如巴金起初通过谈论创作自由的问题，反反复复地证明独立思考对于作家的重要性。在后来几篇以“探索”为题的随想中，巴金明确地提出没有“独立思考”“探索精神”的人跟机器人一样没有真正的生命力，而只有坚持“独立思考”的人才有资格享受自己的人生。通过表明对当时“伤痕文学”的支持态度，他还多次直接提到了作家的社会责任问题，对新一代作家的批判精神给予褒扬。从《随想录》的写作过程中，也可以看出巴金身上五四现实战斗精神的逐步恢复。这种重新被点燃的勇气使他对各种现实社会问题保持着警醒和批判的态度。巴金对残留在当代社会形态中的封建意识加以毫不留情的揭露。尽管在心理上经过了义无反顾

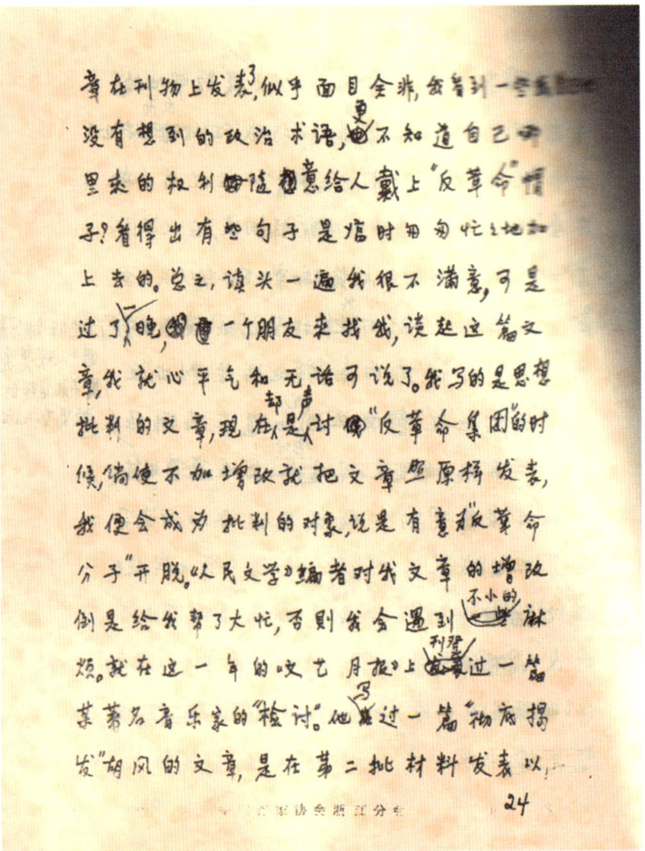

章在刊物上发表了，似乎面目全非，我看到一些
没有想到的政治术语，更不知道自己
里来的权利随意给人戴上“反革命”帽
子？看得出有些句子是临时匆匆忙忙地加
上去的。总之，读头一遍我很不满意，可是
过了一晚，一个朋友来找我，谈起这篇文
章，我就心平气和无话可说了。我写的是思想
批判的文章，现在却是声讨“反革命集团”的时
候，倘使不加增改就把文章照原样发表，
我便会成为批判的对象，说是有意为反革命
分子“开脱”。《人民文学》编者对我文章的增改
倒是给我帮了大忙，否则我会遇到不小的麻
烦。就在这一年的文艺月报上刊登过一篇
某著名音乐家的“检讨”。他写过一篇“彻底揭
发”胡风的文章，是在第二批材料发表以
24

《随想录·怀念胡风》手稿之一页

和心有余悸交替消长的艰难过程，但最终，巴金战胜了几十年的不幸遭遇留在他心头的恐惧。在最后的几篇随想里，如《官气》《“文革”博物馆》《二十年前》《老化》《怀念胡风》中，火山爆发式的社会激情又重新从他的笔端喷射出来。老人真正敞开了心胸，义无反顾，大声疾呼，以尖锐的社会性抨击完成了五四人格的再塑造。可以说，这部“遗嘱”般沉重深刻的“忏悔录”，为当代中国知识分子找回了久已失落的社会良知，也以个人流血的灵魂诉说确立了知识分子的当代精神传统。巴金自觉继承了五四新文化传统，自觉地成为现实社会的清醒的批判者，用现代文化来战胜社会上各种丑恶、落后和黑暗的事物。

《随想录》的发表在知识界引起了极大的反响。有人称它为情透纸背、热透纸背、力透纸背的当代讲真话的大书，但也有人在明里暗里表示了不同的意见。其实巴金对历史的反思开始于20世纪80年代，也就是他写作《随想录》的年代。我们不能离开那个时代背景来理解《随想录》。巴金在起先的写作中并没有主动提出什么新的思想，他只是以崇高的地位和影响来不断支持比较“异端”的文化现象，这本身就需要足够的勇气和智慧。后来他感受到压力越来越大，就以“说真话”来为自己辩护，从消极意义上拒绝与权力者的某些行径合作。这在激进的年轻人的眼睛里可能不是什么英雄壮举，甚至遭到轻视，但对于从历史阴影里走出来的老一代知识分子来说，“说真话”几乎是一个维护良知与操守的武器，“不说假话”成了

1984年10月，巴金与小林、小棠摄于香港

巴金在西湖边上散步

他们衡量自己人格的最后底线。在20世纪80年代很多次山雨欲来的风波中，巴金始终不像一些文人那样丧失人格去迎合权势，客观上就树起了知识分子独立思考、自由言论的旗帜。在

巴金于书斋伏案写作

写作《随想录》的最后一个阶段里，巴金一口气写下了建立“‘文革’博物馆”以及为胡风、叶非英等冤案抗议的文章，使《随想录》的境界提升了一层。将来如果有人将《随想录》与其写作时代联系在一起加以研究，会发现这是一部迅速反映时代话题、又具有高度策略性的文化百科全书。巴金一向说话坦率浅易，但在《随想录》里却充分表现了高度的言说技巧与策略，或说是鲁迅杂文里所谓“奴隶语言”的再现，暗示、象征、曲折迂回、欲言又止的文风鲜明地烙上了那个时代的印记。可惜，这些言说艺术在网络影响下普遍粗鄙化的20世纪90年代的文化氛围里很难被人注意到，因此，误解与隔阂就在所难免了。

尾声

我还有机会拿起笔

（1986—2005）

尾声

巴金老人曾用整整八年的时间完成了一部讲真话的大书《随想录》。书成以后，老人真诚地向读者告别，他将搁笔小憩。这一年是1986年，老人82岁。转眼又是8年过去了，老人迎来了九十大寿。但在这后8年中，老人并没有放下他手中的笔。知识分子的良知和对人类炽热的爱，驱使他一如既往地辛勤笔耕。他一边编校自己的著作全集和译文全集，写出一篇篇总结自己创作道路的代跋；一边又在与衰老和疾病的抗争中写出了一系列感人至深的短文，或怀念故友，或抒发暮年之志……

晚年的巴金虽然体弱多病、行动不便，但他以睿智的头脑、清醒的反思、痛切的忏悔和高洁的人格风范赢得了海内外读者的尊敬和赞誉，各种各样的荣誉接连不断。1982年，他荣获了意大利的“但丁国际奖”。1983年，他荣获法国最高荣誉勋章——法国荣誉军团指挥官勋章。法国总统密特朗亲自来到上海为巴金授勋，并发表了热情洋溢的讲话，他称巴金为“大师”“现代中国最伟大的作家之一”“著述不倦的创作者”“本世纪最伟大的见证者之一”。1984年在日本召开的国际笔会第47届代表大会上，巴金不仅是中国代表团团长，还是大会特别邀请的7位“荣誉客人”之一。日本著名作家水上勉说：“巴金先生是一只雄健的鹰，他来参加大会，即使坐在那里一言不发，

《再思录》

《巴金全集》

也是一种威严，一种力量。”1990年，苏联最高苏维埃主席团决定授予巴金“人民友谊勋章”，以感谢他“对苏联与中国文化发展所作出的重要贡献”。同年，他又获得了福冈“亚洲文化奖”的特别奖，评委们在授奖理由中特别强调巴金的晚年功绩：“忠实于自己的良心，经常以真挚的态度审视时代与历史，在众多作品中向人们诉说自己理想的巴金先生一度受到冲击，复出之后，作为一位作家在开展严肃的社会批判的同时，进行坦诚的自我批判。”评委会认为“巴金先生是一位处于现代中国文坛顶峰的作家，他的存在代表着亚洲的理性”。

荣誉的光芒没有迷住老人的眼睛，各种头衔也不能束缚老人自由的心灵。在《随想录》之后，于20世纪90年代，他又出版了《再思录》。这是一个已近九十岁高龄的老人，在知识分子的良知和对人类炽热的爱的驱使下写出的一篇篇深情的文章。

在20世纪90年代，曾经有人发表文章，说什么“真话不等于真理”，将污水泼向老人“讲真话”的原则。巴金在一封公开信中说：“我提倡讲真话，并非自我吹嘘我在传播真理。正相反，我想说明过去我也讲过假话欺骗读者，欠下还不清的债。我讲的只是我自己相信的，我要是发现错误，可以改正。我不坚持错误，骗

巴金与曹禺、外孙女端端

巴金与孙女晅晅合影

人骗己。”这封信的最后一段话说得最为沉痛：“因为病，我的确服老了，现在我行动更不便，写字很吃力，精力体力都在不断地衰退，以后我很难发表作品了。但是我不甘心沉默。我最后还是要用行动来证明我所写的和我所说的到底是真是假，说明我自己究竟是一个怎样的人。一句话，我要用行为来补写我用笔没有写出来的一切。”在20世纪90年代，巴金的确在以自己的行动来昭示他的人格和思想，他把大部分的精力投入到26卷本的《巴金全集》和十卷本的《巴金译文全集》的编校中。这是在他的生命余晖中又一项加紧做的重要工作。译文的编辑和出版，比起编创全集更加困难。除了几部俄国文学作品，老人大部分的译著都没有再版过，收集起来已属不易，何况还有大量的校译工作。这对一个九十岁高龄的老人来说，难度可想而知。但巴金老人却异常认真地看待这项工作，他仍然把它看作自己的战斗，是实现他人格理想的一个重要步骤。为了校阅他的译文全集，他过度地劳动，造成了压缩性骨折，痛苦万分地住进了医院。真可以说，巴老为了实践自己的诺言而战斗了一生。1994年5月，他写出了译文全集的总序。他看校样，回顾往事，写代跋和回忆，真实地回顾了自己一生的创作、思想以及人生道路，同时也说出了一些《随想录》时期没有完全说出的真实思想。如

巴金与女儿李小林、儿子李小棠摄于香港中文大学

对于早期从事无政府主义运动的朋友的看法，以及对自己的家庭和叔辈的一些看法，都有着值得注意之处。老人用8年的时间终于完成了《再思录》，艰难万分地把自己的思想又往前挪了一步。虽然是小小的移动，但“行百里者半九十”，它也会产生山摇地动的威力。这种人类精神世界的纯金，会在以后的阅读者和研究者手里慢慢地发出光芒来。

《再思录》出版的时候，巴金正在医院中与病魔作斗争。就在这个时候，他口述了这本书的序言。这篇序言中洋溢着生命的欢乐，渗透着坚定的信念：

躺在病床上，无法拿笔，讲话无声，似乎前途渺茫。听着柴可夫斯基的第四交响乐，想起他的话，他说过：“如果你在自己身上找不到欢乐，你就到人民中去吧，你会相信在苦难的生活中仍然存在着欢乐。”他讲得多好啊！我想到我的读者。这个时候，我要对他们说的，也就是这几句话。

我再说一次，这并不是最后的话。我相信，我还有机会拿起笔。

2005年10月17日晚，巴金先生告别了他的读者，享年101岁。

巴金与侄女李国煣（摄于生日当天）

跋

这本《巴金图传》已经筹划了多时。在这之前。由我主要策划的《巴金对你说》、陆正伟先生策划的《世纪巴金》等画册已经能够比较充分地展示巴金老人的神采，要在这个基础上有所新意，真是一件很不容易的工作。我提供的构思只希望达到一个目的：图传并列，追求双美。为什么这么说呢？据说现在已经到了读图时代，成人孩子都不读文字只会读图了。日本人重视读图，于是漫画满街，严肃读物都换成了傻乎乎的连环画，连这个民族都显得呆板。这几年我们的图书市场也开始图片化了，先是以多放插图的形式来包装图书，渐渐地图片占了上风。我看过几种作家传记式的图书，与其说是传记还不如说是作家影集，图片（相干的与不相干的）拥挤在纸面上，把文字割得支离破碎，无法连贯地阅读，仅仅起到一个图片说明的作用，至于文字本身的魅力却变得很不重要了。在今天，文字当然是人们传达思维、传递语言的主要工具，尤其是传达某种深刻复杂的思想。读图时代所包含的内涵，只是网络发达以后人们阅读方式的改变，并未改变人们的思想传播方式，所以，我们仍然需要倚仗文字的力量。我想把这本《巴金图传》的图与传结合起来，在形式上保持文学传记与图片内容的连贯性，使文学传记有相对独立的完整性和可读性，图片不仅是文字的注脚，而是以时间为序，用图片和形象来贯穿巴金的一生，使文图均有独立的审美价值。这就是我所谓的“双美”。

当然，想象总是好的，实际上能否做到“双美”我还不敢保证。事实上我仅仅为这本书提供了一个设计方案而已，具体的工作都是孙晶与周立民两位在操劳。书中文字部分是在我10年前所写的一本《人格的发展——巴金传》的基础上改编而来，当时只写了巴金的前半生，1949年以后的岁月风霜没有添上去。后来我几次想过动笔续写后半段，也曾经得到巴金老人的支持。但近10年来我越来越忙碌，事情是越做越琐碎，文章是越写越短小，几乎再也没有心情来战战兢兢地写好一部学术传记，所以这项工作至今仍然是断尾巴蜻蜓。这次在决定编《巴金图传》的过程中，我还是踌躇难决，也曾想借此动力来完成这本传记，但终究还是未能下决心做完这项工作。感谢我的研究生周立民，是他帮助我从那半部传记中抽取4万字的内容，又根据我在其他相关文章里写的内容，加以整理、组合，来补充叙述巴金的后半生。

需要感谢的人还有很多，为了使这本图传更有新意，我们的工作首先获得了李小林的支持，她允许我们使用一批从未公开出版过的巴金与妻子萧珊的珍贵照片。这批照片在“文革”中被抄家时打上了野蛮的 × × 印记，以致许多画面都被破坏，是上海市档案馆用先进的技术把它们精心修补起来，恢复了原貌。现在这批照片还保存在档案馆里，我们在借阅、翻拍过程中得到了档案馆几位老师的热情支持与配合。没有他们的帮助，这本图传很难以现在的面貌出现在读者面前。上海作家协会的徐钤先生与陆正伟先生、上海市档案馆的吴淑君女士与程绣云女士、四川的李舒先生、北京的李辉先生，还有广西的李人凡先生都自始至终地支持我们做这项工作。陆正伟先生还慷慨同意我们使用他所拍摄的有关巴老晚年的照片。孙晶女士、夏德元先生为本图传提供了创意性的构思。这些都是我们所要真诚感谢的。巴金的名字早已成为当代中国知识分子良知的象征，也是全社会的共同财富。每次当我着手整理、编辑、撰写有关巴金老人的读物时，总是会得到来自社会各方面的无私的支持与帮助。大家的热情与真诚仿佛都在表达同一个心愿，那就是像巴金一样，把心交给读者。

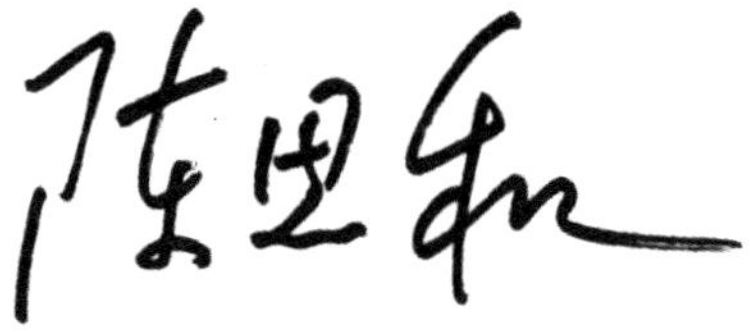

2002年12月4日于黑水斋

编后记

提笔之际，心情不免沉重而忐忑。陈老师近来身体欠安，仍在康复中。他将撰写这篇编后记的重任托付给我，希望借此向读者说明本书的出版经过，并揭示它在二十年后重新面世的意义。接受这份嘱托，我起初深感惶恐，唯恐不能胜任，但想到此事关乎巴金先生和陈老师的深切寄望，顿觉得责无旁贷。

二十年前，智能手机尚未普及，上网还需拨号，人工智能更是遥远的概念。当时《巴金图传》的出版，其意义之大，就如同今天令人惊叹的3D动画一样。它为读者在文字之外，塑造了一个形象、鲜活的巴金先生。他的童年岁月、挚友深情、分隔两地的牵挂、远渡重洋的求索之路、家庭生活的温馨与波折……人生的每一段历程，都在精心编排的图片和精练的注释中变得立体起来，其人生故事得以娓娓道来。许多热爱巴金文字的读者，将这本书视为珍宝，一遍遍翻阅、珍藏。

二十年倏忽而过。今天的我们，足不出户即可尽享便捷，人文学科常被质疑式微，纸质书也屡屡被预言将退出历史舞台。那么，为何仍要倾力推出这样一部图传？这必须回归一个根本性的叩问：在二十一世纪，我们为何仍需阅读巴金？我想起陈老师在课堂上常说：“作为巴金研究者，（他）始终对研究对象怀有炽热的情感。而纪念一位作家最好的方式，就是一遍又一遍重读他的作品。”这句话如明灯一般，在五年的博士历程中照我前行，亦使我彻悟：在一切困厄面前，热爱，永远是一柄披荆斩棘的利剑。去年在巴金研讨会上，陈老师说：“巴金先生离开我们已整整十九年。他将一份丰富而复杂的精神遗产——连同其间的矛盾与忏悔，对未来的洞见与先知般的预见，以及由此衍生的深刻痛苦——悉数传承于我们。我们接受了这份遗产，并将继续探索、思考、传承下去。”陈老师这份炽烈之爱，持续四十余载不息，他将“阅读巴金、理解巴金”的精神火种，代代相传。作为沐浴在这精神火光之下的晚辈学人，我们又怎能不奋力添柴续火，接续前行？

本书得以再版面世，离不开始终坚守知识分子岗位的周立民老师。二十年前，作为陈老师的研究生，他亲手整理过这些珍贵的图片史料。二十年后，依然是周老师，于万机之暇，在无数夜深人静的凌晨，一张张、一帧帧地重新核实、处理这些承载着历史重量的记忆。图片的“重生”过程异常烦琐：需找到尚存光驱的电脑，处理格式、导出图像，反复甄选，增补替换，重写图注。许多图片源于当年扫描的黑白照片，时过境迁，它们早已模糊不清甚至难以辨认。周老师治学严谨，一丝不苟，对于拍摄年代、地点乃至拍摄者等细节，哪怕早已了然于胸，仍要“吹毛求疵”地逐一考证核实。

因此，此书的意义早已超越了单纯以图片叙事的层面。它承载着沉甸甸的时光流转，凝结着几代巴金研究者的心血与守望。人生百年，不过寥寥数个二十年。这本书，曾凝聚编者与读者生命中五分之一乃至四分之一的时光，如今再度焕发光彩。熟悉《随想录》的读者都知道，巴金先生晚年的文字振聋发聩，时刻警醒我们：知识分子的核心责任，不在于提供确凿的历史定论，而在于守护记忆本身的褶皱、裂隙，并反思那些悬而未决的谜题。正因如此，后人对巴金先生的每一次真诚追忆与深入解读，都饱含韧性——它关乎我们如何直面并承担现代性困境这一无可回避的重负。而这重负的核心，正是如何在时代洪流中，坚守那看似“微弱”却至关重要的知识分子的言说责任，使那精神的火种跨越代际，薪火不熄，永续相传。

适值巴金先生逝世二十周年之际，本书的再版更添一层深意。在此，还要深深感谢本书的责任编辑赵海燕女士。她的敬业态度与高效的专业素养，令我感佩至深，唯以“一片赤诚”方能形容。

再次由衷致谢所有为本书出版付出辛劳的同仁，以及此刻翻阅至此的每一位读者。展望下一个二十年，科技必将更加发达，而巴金先生的精神遗产——对真理的执着、对良知的叩问、对未来的热望——也会在时间的长河中持续“开花”、绽放，生生不息。

2025年7月29日于香港

我只想把自己的全部感情、全部爱憎消耗干净，然后问心无愧地离开人世。这对我是莫大的幸福，我称它为“生命的开花”。

——巴金

图书在版编目（C I P）数据

巴金图传 / 陈思和著. -- 北京 : 现代出版社,
2025. 9. -- ISBN 978-7-5231-1256-4

Ⅰ. K825.6-64

中国国家版本馆CIP数据核字第20252NR402号

巴金图传

BAJIN TUZHUAN

著　　者　陈思和

责任编辑　赵海燕　马文昱
责任印制　贾子珍
出版发行　现代出版社
地　　址　北京市安定门外安华里504号
邮政编码　100011
电　　话　(010) 64267325
传　　真　(010) 64245264
网　　址　www.1980xd.com
印　　刷　北京瑞禾彩色印刷有限公司
开　　本　787mm×1092mm　1/12
印　　张　15
字　　数　193千字
版　　次　2025年9月第1版　2025年9月第1次印刷
书　　号　ISBN 978-7-5231-1256-4
定　　价　98.00元